AF893250

Schriften zum Internationalen
und Europäischen Strafrecht

Herausgegeben von

Professor Dr. Martin Heger, Humboldt-Universität zu Berlin
Professor Dr. Florian Jeßberger, Humboldt-Universität zu Berlin
Professor Dr. Frank Neubacher, M.A., Universität zu Köln
Professor Dr. Helmut Satzger, LMU München
Professor Dr. Gerhard Werle, Humboldt-Universität zu Berlin

Band 69

Tanja Niedernhuber (Hrsg.)

Die neue Europäische Staatsanwaltschaft

Bedeutung, Herausforderungen und erste Erfahrungen

Nomos

DIKE

Onlineversion
Nomos eLibrary

Die Deutsche Nationalbibliothek verzeichnet diese Publikation in der Deutschen Nationalbibliografie; detaillierte bibliographische Daten sind im Internet über http://dnb.d-nb.de abrufbar.

1. Auflage 2023

© Die Autor:innen

Publiziert von
Nomos Verlagsgesellschaft mbH & Co. KG
Waldseestraße 3 – 5 | 76530 Baden-Baden
www.nomos.de

Gesamtherstellung:
Nomos Verlagsgesellschaft mbH & Co. KG
Waldseestraße 3 – 5 | 76530 Baden-Baden

ISBN (Print) 978-3-8487-7420-3 (Nomos Verlagsgesellschaft mbH & Co. KG, Baden-Baden)
ISBN (ePDF) 978-3-7489-1422-8 (Nomos Verlagsgesellschaft mbH & Co. KG, Baden-Baden)
ISBN (Print) 978-3-03891-595-9 (Dike Verlag, Zürich/St. Gallen)

DOI https://doi.org/10.5771/9783748914228

Dieses Werk ist lizenziert unter einer Creative Commons Namensnennung - Nicht kommerziell - Keine Bearbeitungen 4.0 International Lizenz.

Vorwort

Am 1. Juli 2022 fand nach pandemiebedingter Verschiebung in den Räumlichkeiten der Carl Friedrich von Siemens Stiftung in München eine Tagung zum Thema „Die neue Europäische Staatsanwaltschaft – Bedeutung, Herausforderungen und erste Erfahrungen" statt. Es war eine der ersten Tagungsveranstaltungen zu diesem Thema seit die Europäische Staatsanwaltschaft (EUStA) am 1. Juni 2021 ihre Tätigkeit aufgenommen hat. Der vorliegende Band enthält die auf der Tagung vorgetragenen Referate.

Vorgetragen wurde zu ersten Einblicken in die Praxis grenzüberschreitender Strafverfahren der Europäischen Staatsanwaltschaft (*Andrés Ritter*), zu Zuständigkeitsfragen im Ermittlungsverfahren und dem Grundsatz ne bis in idem (*Prof. Dr. Frank Zimmermann*), zur Zusammenarbeit der Europäischen Staatsanwaltschaft mit nationalen Ermittlungsbehörden (*Prof. Dr. Anne Schneider*), zur Beweiserhebung und Beweisverwertung in EUStA-Verfahren (*Prof. Dr. Ingeborg Zerbes*) sowie zur Transnationalität der Strafverfolgung durch die EUStA als Herausforderung für die Strafverteidigung (*Prof. Dr. Robert Esser*).

Darüber hinaus hielt Rechtsanwalt *Prof. Dr. Ulrich Sommer* (verte Rechtsanwälte) einen Impulsvortrag aus der Strafverteidigerpraxis über transnationale Ermittlungen am Beispiel von EncroChat. Eine Zusammenfassung dieses Impulsvortrags sowie der hier nicht wiedergegebenen Podiumsdiskussion zum Thema „Beschuldigtenrechte und Rechtsschutz im Ermittlungsverfahren" mit den Diskutantinnen und Diskutanten *Dr. Sebastian Trautmann* (Delegierter Europäischer Staatsanwalt und Stellvertretender Europäischer Staatsanwalt für Deutschland), *Prof. Dr. Dr. h.c. Lorena Bachmaier Winter* (Universidad Complutense Madrid), Rechtsanwältin *Dr. Anna Oehmichen* (Oehmichen International), *Dr. Hans-Holger Herrnfeld* (Oberstaatsanwalt beim Bundesgerichtshof a.D.), *Jun.-Prof. Dr. Dominik Brodowski* (Universität des Saarlandes) und *Dr. Christian Sager* (Schweizerisches Bundesamt für Justiz) sind im Tagungsbericht von *Maximilian Schach* nachzulesen, der in der KriPoZ 2022, 314 veröffentlicht ist.

Ich bedanke mich an dieser Stelle noch einmal bei allen Referentinnen und Referenten, Diskutantinnen und Diskutanten, bei den Moderatoren sowie bei allen Teilnehmerinnen und Teilnehmern. Sie haben Problemfelder aufgezeigt, spannende Diskussionen geführt und die Tagung zu etwas Besonderem gemacht.

Die Tagung einschließlich dieses Tagungsbands wurde besonders großzügig gefördert von LMUexcellent im Rahmen der Exzellenzstrategie von Bund und Ländern vom Bundesministerium für Bildung und Forschung (BMBF) und dem Freistaat Bayern. Die Carl Friedrich von Siemens Stiftung hat die Räumlichkeiten und das gesamte Catering zur Verfügung gestellt. Finanziell unterstützt wurde die Tagung zudem von Prof. Dr. Werner Beulke und den Verlagen C.H. Beck, C.F. Müller, Duncker & Humblot sowie Nomos. Allen genannten Sponsoren gilt mein herzlichster Dank. Ohne sie wären die Tagung sowie der Tagungsband in dieser Form nicht möglich gewesen.

Darüber hinaus bedanke ich mich sehr herzlich bei *Prof. Dr. Martin Heger, Prof. Dr. Florian Jeßberger, Prof. Dr. Frank Neubacher, Prof. Dr. Helmut Satzger* und *Prof. Dr. Gerhard Werle*, dass sie diesen Band in die von ihnen herausgegebene Schriftenreihe aufgenommen haben.

Last but not least danke ich meinem akademischen Lehrer, *Prof. Dr. Mark A. Zöller*, für die Mitwirkung an der Tagung, meiner studentischen Hilfskraft *Annalena Käsbeck* für ihre wertvolle Unterstützung bei der Fertigstellung dieses Tagungsbands sowie *Johannes Dietrich*, *Annalena Käsbeck*, *Tatjana Lautenschläger*, *Andrea Regele* und *Maximilian Schach* für ihren tatkräftigen Einsatz bei der Vorbereitung und Durchführung der Tagung.

München im Dezember 2022

Tanja Niedernhuber

Inhalt

Verzeichnis der Autorinnen und Autoren

Prof. Dr. Robert Esser | Inhaber des Lehrstuhls für Deutsches, Europäisches und Internationales Strafrecht und Strafprozessrecht sowie Wirtschaftsstrafrecht an der Universität Passau und seit 2010 Leiter der dem Lehrstuhl angegliederten Forschungsstelle HRCP (Human Rights in Criminal Proceedings)

Andrés Ritter | Stellvertretender Europäischer Generalstaatsanwalt und für die Bundesrepublik Deutschland bestellter Europäischer Staatsanwalt

Prof. Dr. Anne Schneider LL.M. | Inhaberin des Lehrstuhls für Deutsches, Europäisches und Internationales Strafrecht an der Heinrich-Heine-Universität Düsseldorf

Prof. Dr. Ingeborg Zerbes | Universitätsprofessorin am Institut für Strafrecht und Kriminologie an der Universität Wien

Prof. Dr. Frank Zimmermann | Inhaber der Professur für Strafrecht, Strafverfahrensrecht, Europäisches und Internationales Strafrecht sowie strafrechtliche Herausforderungen der Digitalisierung an der Westfälischen Wilhelms-Universität Münster

Grußwort von Andrés Ritter zur Eröffnung der Tagungsveranstaltung

Andrés Ritter

Sehr geehrte Damen und Herren,

es ist mir eine große Ehre, hier in München zu sein. Wir als EUStA als auch ich persönlich sind dankbar für diese Gelegenheit, mit Ihnen in einen Austausch über die ersten praktischen Erfahrungen nach einem Jahr operativer Tätigkeit zu kommen, aber auch grundlegender darüber, was die Einrichtung der Europäischen Staatsanwaltschaft bedeutet, was sich mit der Schaffung dieser europäischen Institution verändert hat sowie auch, was sich noch weiter verändern müsste.

In diesem Sinne übermittle ich Ihnen auch die herzlichen Grüße sowie die Anerkennung der Europäischen Generalstaatsanwältin für das von der LMU zusammengestellte Programm der Tagung. In einem breiten Querschnitt sollen elementare Themen behandelt werden, die das Wirken der EUStA aus verschiedenen Blickwinkeln beleuchten. Ich bin mir auch sicher, dass mit dieser Tagung wichtige Impulse für die weitere Diskussion gesetzt werden.

Wie Sie wissen, hat die EUStA am 1. Juni 2021 ihre Arbeit aufgenommen, über 30 Jahre nach der Initialidee zu ihrer Einrichtung, 20 Jahre nach dem Grünbuch der Kommission und acht Jahre nach dem Vorschlag der Kommission, der bis zum Inkrafttreten der Verordnung im November 2017 Gegenstand intensiver und kontroverser Verhandlungen im Rat gewesen ist.

Da liegt die Frage nahe, ob alles gut wird, was lange währt.

Diese Frage scheint mir insgesamt der Ausrichtung dieser Tagung zugrunde zu liegen, die ganz der Europäischen Staatsanwaltschaft gewidmet ist. Ebenso scheint mir, dass ihr Anliegen vollauf gerechtfertigt ist, da die Einrichtung – und Weiterentwicklung – der Europäischen Staatsanwaltschaft eine ganze Reihe von rechtlichen, justizpolitischen, strategischen und auch ganz praktischen Aspekten berührt.

Naturgemäß ist besonders aus rechtlicher Sicht viel über die EUStA nachgedacht und geschrieben worden. Angesichts unserer Neu- und Einzigartigkeit stellen sich viele spannende Fragen. Fragen, die sich – nebenbei bemerkt – trefflich zur Diskussion eignen, weil die Verordnung über unsere Einrichtung einen nicht unerheblichen Freiraum zu ihrer Beantwortung lässt.

Herausragend in der Diskussion sind einerseits jene Fragen, die mit dem neuen Instrument der grenzüberschreitenden Ermittlungen nach Art. 31 der Verordnung verbunden sind. Auch in diesem Zusammenhang sind Sorgen über einen „freien Verkehr von Beweismitteln“ geäußert worden. Es ist darauf hingewiesen worden, dass Beweismittel nicht mit Tomaten oder Spielzeug zu vergleichen sind und dass ein ungehinderter Fluss von Beweismitteln quer durch Europa die in den nationalen Systemen eingerichteten Kontrollen und Gegengewichte gefährden würde, zumal im Zusammenhang mit einer sich daraus ergebenden Gefahr des „Forum Shoppings“.

Es sei vorausgeschickt, dass ich solche Bedenken nicht teile. Die Diskussion darüber in Rechtsprechung und Lehre halte ich aber für nötig und weiterführend, um für alle Verfahrensbeteiligten Rechtsklarheit und Rechtssicherheit zu gewährleisten.

Tatsächlich sind diese Diskussionen seit dem 1. Juni 2021 mit unserem operativen Start um eine bedeutsame Dimension erweitert worden. Erst jetzt, wo wir den Text in eine praktikable Realität umsetzen durften, ist die Komplexität und das Potential dessen, was geschaffen wurde, voll zu erfassen und zu bewerten.

So habe ich beispielsweise keinen Zweifel daran, dass unsere Tätigkeit einen Paradigmenwechsel bei der Durchführung grenzüberschreitender Ermittlungen in der EU bewirken kann, eine reichhaltige Rechtsprechung hervorbringen und Gesetzesänderungen sowohl auf europäischer als auch auf nationaler Ebene auslösen wird. Die einzigartige Struktur und das Mandat der Europäischen Staatsanwaltschaft werfen eben einige neuartige Fragen auf, bei denen ein einfacher Verweis auf nationale Verfahrensgarantien nicht alle notwendigen Lösungen bietet.

Bei alledem möchte ich betonen, dass wir kein Koordinator, kein Netzwerk und keine EU-Agentur sind, der bzw. die Empfehlungen an die zuständigen nationalen Behörden ausspricht.

Wir sind eine unabhängige, einheitliche und spezialisierte supranationale Staatsanwaltschaft.

Meine Damen und Herren, die Schaffung der Europäischen Staatsanwaltschaft *ist* daher tatsächlich ein Meilenstein in der Europäisierung des Strafrechts.

Wir sind uns daher auch sehr bewusst, dass eine ebenso wirksame wie allen rechtsstaatlichen Standards entsprechende Tätigkeit der EUStA eine Frage der Glaubwürdigkeit für die gesamte Europäische Union ist.

Entsprechend freuen wir uns sehr über einen intensiven und engagierten Austausch mit allen Akteuren des Justizwesens. Aus dem erfolgreichen Start der EUStA darf gerne eine nachhaltige Erfolgsgeschichte werden und hierzu tragen Sie mit der heutigen Tagung in München ganz wesentlich bei.

Daher nochmals herzlichen Dank!

Grenzüberschreitende Strafverfahren der EUStA – Erste Einblicke in die Praxis

Andrés Ritter

I. Zum Wirken der EUStA im ersten Jahr ihrer operativen Tätigkeit

Hinsichtlich der ersten Einblicke in die Praxis möchte ich zunächst die bereits im Grußwort aufgestellte Behauptung, die EUStA sei seit dem 1. Juni 2021 erfolgreich gestartet, mit operativen Zahlen und anderen Kenngrößen näher untermauern:

- Aktuell nehmen insgesamt 113 Delegierte Europäische Staatsanwälte in 35 Zentren/Büros in den 22 teilnehmenden Mitgliedstaaten ihre Aufgaben für die EUStA wahr;
- im ersten Jahr unserer operativen Tätigkeit sind 4006 Strafanzeigen und Notifikationen eingegangen und geprüft worden;
- hieraus sind insgesamt 929 Ermittlungsverfahren eingeleitet worden;
- in diesen Ermittlungsverfahren sind vorläufige Vermögenssicherungen im Wert von mehr als 259 Millionen Euro erfolgt, wobei – lediglich zur Erinnerung – unser Budget aktuell 44,9 Millionen Euro beträgt;
- im ersten Jahr sind bereits 28 Anklagen erhoben worden und hieraus vier rechtskräftige Verurteilungen ergangen;
- allein in den ersten sieben Monaten unserer Tätigkeit bis zum 31. Dezember 2021 haben unsere Delegierten Europäischen Staatsanwälte in ihrem grenzüberschreitenden Zusammenwirken 290 Ersuchen nach Art. 31 der VO (EU) 2017/1939 („EUStA-VO“) gestellt.

II. Folgerungen aus den Kennzahlen zum ersten Jahr der EUStA

Der operative Start der EUStA am 1. Juni 2021 ist nach meinem Eindruck durchaus mit vielen Fragezeichen bzw. einer zurückhaltenden Erwartung verbunden gewesen, was diese erste supranationale Staatsanwaltschaft und neuartige europäische Institution mit zentraler Entscheidung und dezentraler Strafverfolgung zunächst zu leisten imstande sein werde.

Den eingangs dargestellten Kennzahlen kann indes nach meinem Dafürhalten entnommen werden, dass es uns dieser komplexen internen

Struktur einer in 22 Mitgliedstaaten operierenden Staatsanwaltschaft zum Trotz gelungen ist, die EUStA wirksam in die jeweiligen nationalen Strafrechtssysteme zu integrieren. Diese Zahlen dürften meines Erachtens auch die grundsätzliche Funktionsfähigkeit einer supranationalen Staatsanwaltschaft belegen, zumal ein sehr hoher Anteil der EUStA-Fälle grenzüberschreitender Natur ist und koordinierter Ermittlungen und Verfahrensführung in mehreren Mitgliedstaaten bedürfen.

So betreffen für Deutschland deutlich über die Hälfte der Fälle Komplexe des Mehrwertsteuerbetrugs, der notwendigerweise grenzüberschreitend ist, da wir unsere Zuständigkeit nur ausüben können, wenn die Straftat Verbindungen zu zwei Mitgliedstaaten aufweist und der Schaden über zehn Millionen Euro beträgt.

Dabei hat sich das für die Verfahrensführung in der EUStA-VO gewählte dezentrale Modell sogar in mehrfacher Hinsicht als geeigneter als ein rein zentral ausgerichtetes System erwiesen, vor allem, weil so der jeweilige Bezug zum strafprozessualen Gefüge in den Mitgliedstaaten gewährleistet geblieben ist. Die Delegierten Europäischen Staatsanwälte können so die jeweiligen prozessualen Regeln und Garantien mit voller Kenntnis und im Bewusstsein des nationalen Verfahrensrechts einhalten.

Nach meiner Überzeugung belegen die erhobenen Kennzahlen aber auch, dass wir begonnen haben, das Niveau des Schutzes der finanziellen Interessen der Union nachhaltig zu verbessern.

Die von uns aufgrund von Strafanzeigen und Notifikationen geprüften Fälle stammen nämlich *nur zu etwa 5 %* von europäischen Institutionen, Organen, Einrichtungen und Agenturen, d.h. aus Erkenntnissen, die tatsächlich bis zur EU-Ebene gelangt sind. Hieraus dürfte zumindest der Schluss gerechtfertigt sein, dass in einem weit überwiegenden Teil der Fälle bislang keine grenzüberschreitende EU-Sicht weder auf die Fälle noch auf relevante Kriminalitätsphänomene möglich gewesen ist.

Ebenso haben wir ferner in der operativen Tätigkeit vielfach Verbindungen zwischen national ermittelten Fällen festgestellt, in denen parallel und in Unkenntnis voneinander ermittelt worden ist.

Diese bereits offenbar gewordene breitere Aufdeckung und Effizienz in der Aufklärung von Straftaten zum Nachteil der finanziellen Interessen der Union folgt nicht zuletzt aus dem besonderen Mechanismus des grenzüberschreitenden Zusammenwirkens nach Art. 31 der EUStA-VO. Nach diesem Mechanismus weist der verfahrensführende Delegierte Europäische Staatsanwalt grenzüberschreitende Ermittlungshandlungen direkt an einen in einem anderen Mitgliedstaat ansässigen Kollegen innerhalb der EUStA, also innerhalb einer supranationalen Behörde, zu, wobei die jederzeitige Konsultation über die Recht- und Zweckmäßigkeit der Maßnahmen zwischen den Delegierten Europäischen Staatsanwälten formlos möglich ist. Die bereits angesprochene Tatsache, dass in den ersten sieben Monaten bereits 290 Amtshilfeersuchen zwischen den Delegierten Europäischen Staatsanwälten aus verschiedenen Mitgliedstaaten gestellt worden sind, macht deutlich, dass diese Kooperation aus einer einheitlichen Behörde praktisch funktioniert.

Diese neue Qualität des grenzüberschreitenden Zusammenwirkens aus einer einheitlichen Behörde sowie insbesondere die sich hieraus ergebenden Beschleunigungs- und Effizienzgewinne möchte ich anhand eines Beispielsfalles aus dem EUStA-Zentrum in München veranschaulichen.

Der rechtlich wie tatsächlich komplexe Fall betrifft den Verdacht des Mehrwertsteuerbetruges mit hochwertigen Fahrzeugen bei einem inländischen Steuerschaden von mindestens 18 Millionen Euro, wobei die Tathandlungen in Deutschland, Italien und Bulgarien begangen worden sind und das Betrugsschema selbst aus Deutschland heraus organisiert worden ist:

- Das EUStA-Verfahren ist aufgrund einer Evokation des Falles nach Art. 24 II EUStA-VO noch im Juni 2021 eingeleitet worden.
- Beim sogenannten „Action Day“ vier Monate später im Oktober 2021 haben gleichzeitige Durchsuchungen und Vernehmungen an 24 Orten in Deutschland, an 30 Orten in Italien sowie in Bulgarien stattgefunden.
- Aufgrund der gesammelten Erkenntnisse sind nachfolgend zwölf Festnahmen in den drei Ländern mit anschließender Auslieferung der Beschuldigten nach Deutschland erfolgt.
- Inzwischen sind Anklagen gegen vier der Beschuldigten im März und April 2022 erhoben worden.
- In dem Verfahrenskomplex sind bereits Vermögenswerte in Höhe von 3,4 Millionen Euro gesichert worden.
- Die erste Hauptverhandlung aus dem Verfahrenskomplex steht im nächsten Monat vor einer Wirtschaftsstrafkammer des Landgerichts München an; weitere Terminierungen stehen unmittelbar an.

Kurzum: Es ist uns meines Erachtens in diesem ersten Jahr gelungen, uns operativ so aufzustellen, dass wir die uns zugedachte Rolle beim Schutz der finanziellen Interessen der Europäischen Union erfüllen können.

III. *Fortbestehende Herausforderungen und insbesondere Anpassungsbedarf beim legislativen Rahmen*

Im ersten Jahr der Tätigkeit sind allerdings zugleich bereits erhebliche Hindernisse offenbar geworden, die zur Folge haben, dass die EUStA nicht so wirksam die finanziellen Interessen der Union schützen kann, wie sie es sonst könnte.

Solche Verbesserungen hängen zwar einerseits von den uns gewährten Ressourcen und von einer fortwährenden Optimierung unserer internen Organisation ab, aber auch ganz entscheidend von gezielten legislativen Anpassungen.

Wir haben die Europäische Kommission angesichts dieser festgestellten erheblichen Hindernisse bereits auf die legislativen Änderungen aufmerksam gemacht, die wir für eine wirksamere Tätigkeit der EUStA zum Schutz der finanziellen Interessen der Union für dringend und wesentlich halten.

Sie betreffen insbesondere die – auf der Tagesordnung der Tagung stehenden – Zuständigkeitsregelungen in Art. 25 III der EUStA-VO, die zu dem Problem einer „asymmetrischen Kompetenz" der EUStA führen. Vereinfacht ausgedrückt: Je nach Ausgestaltung des materiellen Strafrechts in den Mitgliedstaaten können wir bei gleichartigen Fällen in einigen Mitgliedstaaten unsere Zuständigkeit ausüben, in anderen aber nicht mit der Folge, dass eine kohärente Kriminalitätspolitik und eine wirksame Verfolgung wesentlich erschwert werden.

Deutlich geworden ist es zum Beispiel anhand von Fällen aus der Slowakei, wo in der Umsetzung der PIF-Richtlinie ein neuer Straftatbestand des Subventionsbetrugs zum Nachteil der Europäischen Union neben dem bereits bestehenden „allgemeinen" Tatbestand des Subventionsbetruges geschaffen worden ist, wobei der Strafrahmen jeweils identisch bestimmt worden ist. Diese Tatbestände sind jedoch in dem regelmäßigen Fall der Finanzierung sowohl aus nationalen als auch aus Unionsmitteln untrennbar miteinander verbunden, so dass gemäß Art. 25 III lit. a) der EUStA-VO die EUStA an der Ausübung ihrer Zuständigkeit gehindert ist, selbst wenn der Schaden für den Unionshaushalt deutlich überwiegt. Zudem haben wir in der anschließenden internen Prüfung festgestellt, dass die Problematik in gleicher oder ähnlicher Weise insgesamt sieben Mitgliedstaaten betrifft.

Ebenso ist bei Fällen des Schmuggels der nationale Schaden aus der hinterzogenen Einfuhrumsatzsteuer regelmäßig höher als der der Union entstehende Zollschaden, so dass je nach der nationalen Gesetzgebung die EUStA an der Ausübung ihrer Zuständigkeit nach Art. 25 III lit. b) der EUStA-VO gehindert ist.

Bereits eine Änderung des Art. 25 der EUStA-VO dahingehend, dass die restriktive Einengung der Kompetenzausübung für die EUStA durch flexiblere Regelungen ersetzt wird, die dem Gedanken des Art. 25 IV der EUStA-VO allgemein Rechnung tragen, würde einen wesentlichen Beitrag zu mehr Kohärenz und Gleichförmigkeit in der Strafverfolgung leisten.

Ebenso werfen die Regelungen in Art. 31 der EUStA-VO vielfach rechtliche Fragen auf, die im Sinne von Rechtssicherheit und Rechtsklarheit der Klarstellung bedürfen und auf die in der Tagung näher eingegangen werden wird.

Parallel dazu müssen wir die Aufdeckung von Betrug zu Lasten des EU-Haushalts weiter verbessern. Wer ist aber für eine bessere Aufdeckung von EU-Betrug zuständig? Das ist an sich nicht die EUStA. Wir ermitteln, verfolgen und stellen gegebenenfalls vor Gericht. Aber das können wir nicht, wenn wir im Dunkeln gelassen werden und keine Informationen erhalten.

Natürlich können wir uns auf Bürger, NROs, Whistleblower, Journalisten usw. verlassen. Die Tatsache, dass wir viele Informationen von ihnen erhalten, ist ein Zeichen von Vertrauen. Die Tatsache aber, dass wie bereits erwähnt 95 % der EUStA-Strafanzeigen von nationalen Behörden und privaten Personen und nicht von europäischen Institutionen, Organen, Einrichtungen und Agenturen stammen, ist schwer zu verstehen.

Bis zur Errichtung der EUStA stützte sich der Schutz des EU-Haushalts auf die Einrichtung und generelle Kontrolle von Schutzsystemen und die Arbeit der nationalen Strafverfolgungsbehörden. Dieses System funktioniert jedoch, wie unsere Zahlen und die wenigen uns von OLAF gemeldeten Fälle belegen, nur bedingt.

Unsere Erhebungen aus den eingeleiteten Fällen zeigen ferner, dass der EU-Haushalt in den Mitgliedstaaten nicht in gleichem Maße geschützt ist. Besonders deutlich wird dies auf der Einnahmenseite des EU-Haushalts, bei der mehrere Mitgliedstaaten uns keinen Fall des Umsatzsteuerbetruges notifiziert haben und die Anzahl der Meldungen über Zollvergehen erstaunlich niedrig ist. Wir stellen insgesamt fest, dass das Niveau der Aufdeckung durch die Verwaltungs- und Kontrollsysteme der EU und der Mitgliedstaaten unzureichend ist.

Eines dürfte sicher sein: Organisierte kriminelle Gruppen arbeiten unter solchen Bedingungen gerne mit EU-Geldern. Dies ist der Nährboden für systemische Korruption, die gewichtige Folgen für die Lebensqualität, aber auch für das Vertrauen der Bürger in die demokratischen Institutionen und die EU-Integration als solche hat.

In diesem Sinne: Wir stehen immer noch am Anfang einer – aus meiner Sicht – vielversprechenden Entwicklung. Die Errichtung der EUStA ist dabei nicht die Kirsche auf der Torte oder das fehlende Teil einer ansonsten tadellos funktionierenden Maschine. Wir sehen die EUStA vielmehr als einen Katalysator für den Wandel sowohl in rechtlicher als auch in praktischer Sicht, weil wir in einer besonderen Lage sind zu erkennen, was nicht funktioniert.

Wir haben bereits aus unserer operativen Erfahrung festgestellt, was angepasst werden sollte, um unsere Effizienz zu verbessern. Wir müssen nach unseren bereits getroffenen Feststellungen insbesondere „unsere Gründungsverordnung“ wieder öffnen und schnell und gezielt anpassen.

Auch in dieser Hinsicht bin ich mir sicher, dass aus den heutigen Diskussionen wichtige Anstöße für eine Revision und Fortentwicklung des Rechtsrahmens unserer Tätigkeit – auch in prozessualer Hinsicht – folgen werden, auf die ich gespannt bin.

Die Zuständigkeit der EUStA im Ermittlungsverfahren und der Grundsatz „ne bis in idem“

Frank Zimmermann[*]

I. *Einleitung: Faktischer Tatbegriff vs. materiell-rechtliche Zuständigkeitsabgrenzung*

Mit der Europäischen Staatsanwaltschaft (EUStA) bewegt sich ein neuer Akteur auf der Bühne des europäischen Strafrechts. Als eigenständige Einrichtung der Europäischen Union tritt sie neben die Strafverfolgungsorgane der Mitgliedstaaten. Das macht eine Abgrenzung des jeweiligen Zuständigkeitsbereichs erforderlich. Zugleich ist eine wesentliche Errungenschaft des Unionsrechts ein weitreichendes Verbot der Doppelbestrafung, das in Art. 50 der Grundrechtecharta primärrechtlich verankert ist und in Art. 54 SDÜ partiell eine sekundärrechtliche Konkretisierung erfährt.[1]

Kontrastiert man nun die Zuständigkeitsabgrenzung zwischen EUStA und nationalen Behörden mit diesem „ne bis in idem“-Grundsatz, eröffnet sich ein spannendes Feld: Nach der gefestigten Rechtsprechung des EuGH liegt dem Verbot der Doppelbestrafung ein *faktischer* Tatbegriff zugrunde,[2] der dem prozessualen Tatbegriff des deutschen Strafverfahrensrechts nicht unähnlich ist. Das bedeutet: Maßgeblich für das Eintreten eines Strafklageverbrauchs ist nicht die materiell-rechtliche Einordnung, sondern nur, dass ein bereits rechtskräftig abgeurteilter Sachverhalt und derjenige, der später Anlass für ein erneutes Strafverfahren sein soll, einen Komplex konkreter, unlösbar miteinander verbundener Umstände bilden,[3] und zwar in zeitli-

---

* Für wertvolle Hinweise und Diskussionen im Zuge der Vorbereitung des Beitrags bin ich Dr. *Sebastian Trautmann* (Delegierter Europäischer Staatsanwalt, Köln) zu großem Dank verpflichtet.

1 *Satzger*, Internationales und Europäisches Strafrecht, 10. Aufl. 2022, § 10 Rn. 57 ff.

2 Dieser wurde zunächst entwickelt für das grenzüberschreitende Verbot der Doppelbestrafung gem. Art. 54 SDÜ (EuGH, Urt. v. 9.3.2006, van Esbroeck, C-436/04, EU:C:2006:165), dann übertragen auf innerstaatliche Mehrfachverfahren und Art. 50 der Grundrechtecharta; zum faktischen Tatbegriff *Guerra*, Eucrim 2021, 49 (50); *Sitbon*, in: Geelhoed/Erkelens/Meij (Hrsg.), Shifting Perspectives on the European Public Prosecutor's Office, 2017, 129 (137).

3 EuGH, Urt. v. 9.3.2006, van Esbroeck, C-436/04, EU:C:2006:165, Rn. 36.

cher und räumlicher Hinsicht sowie nach ihrem Zweck.[4] Die Zuständigkeit der EUStA ist demgegenüber auf bestimmte *Straftatbestände* zugeschnitten; den Zuständigkeitsregeln liegt daher zwangsläufig ein *normativer* Tatbegriff zugrunde. Das hätte leicht eine Situation heraufbeschwören können, in der die Zuständigkeit der EUStA z.B. für einen Betrug zulasten der finanziellen Interessen der Union leerläuft, weil derselbe Lebenssachverhalt – nur unter einem anderen rechtlichen Aspekt – bereits rechtskräftig abgeurteilt wurde. Um solche Probleme zu vermeiden, wurde der EUStA in Art. 22 III der einschlägigen Verordnung (VO (EU) 2017/1939, kurz: EUStA-VO) neben der Zuständigkeit für die sog. PIF-Delikte, also Straftaten gegen die finanziellen Interessen der Union, auch eine Zuständigkeit für andere Taten übertragen, die mit einem PIF-Delikt in einem untrennbaren Zusammenhang stehen.[5]

II. Systematische Einordnung der Zuständigkeitsausübungsschranken gem. Art. 25 EUStA-VO

Allerdings hielt sich die Begeisterung der Mitgliedstaaten über die weite Zuständigkeit der EUStA ohnehin schon in Grenzen. Angesichts der zusätzlichen Einbeziehung von untrennbar mit einem PIF-Delikt in Zusammenhang stehenden Delikten befürchteten sie – wegen des tendenziell sehr weiten Tatbegriffs des EuGH wohl nicht ganz unbegründet – eine noch massivere Ausweitung der EUStA-Kompetenzen.[6] Deshalb verständigte man sich im europäischen Gesetzgebungsverfahren auf eine Reihe von Ausnahmen von der EUStA-Zuständigkeit.[7] So sollen nach Art. 25 II EUStA-VO minder schwere Fälle, in denen ein Schaden von weniger als 10.000 Euro entstanden oder zu erwarten ist, normalerweise bei den mitgliedstaatlichen Behörden verbleiben. Art. 25 III EUStA-VO beschneidet die Zuständigkeit der EUStA ferner, wenn eine untrennbar mit einem PIF-Delikt in Zusammenhang stehende Tat einen gleich hohen oder höheren

4 EuGH, Urt. v. 9.3.2006, van Esbroeck, C-436/04, EU:C:2006:165, Rn. 38.

5 *Herrnfeld/Brodowski*, in: Herrnfeld/Esser (Hrsg.), Europäische Staatsanwaltschaft Handbuch, 2022, § 5 Rn. 50; Herrnfeld/Brodowski/Burchard/*Herrnfeld*, EPPO, 2021, Art. 25 Rn. 13, Art. 22 Rn. 99 ff.; *Neumann*, EuCLR 2022, 233 (237 ff.); *Bitzilekis*, in: Asp (Hrsg.), The European Public Prosecutor's Office, Legal and Criminal Policy Perspectives, 2015, 112 (114 ff.).

6 HBB/*Herrnfeld* (Fn. 5), Art. 25 Rn. 1, 13; *Neumann*, EuCLR 2022, 233 (234); *Guerra*, Eucrim 2021, 49 (50); *Sitbon*, in: Geelhoed/Erkelens/Meij (Fn. 2), 129 (139).

7 *Herrnfeld/Brodowski*, in: Herrnfeld/Esser (Fn. 5), § 5 Rn. 70.

Strafrahmen als das PIF-Delikt vorsieht (lit. a)).[8] Dasselbe gilt, wenn der Schaden für die finanziellen Interessen der Union, der durch eine in die Zuständigkeit der EUStA fallende Straftat verursacht worden oder zu erwarten ist, genauso hoch oder niedriger ist als derjenige eines anderen Opfers (lit. b)). Konzentrieren wird sich der Beitrag im Folgenden auf Art. 25 III lit. a) EUStA-VO, der speziell auf Art. 22 III EUStA-VO und damit die „ne bis in idem“-Problematik Bezug nimmt. Zunächst soll das Zusammenspiel der genannten Normen abstrakt skizziert werden, bevor im Anschluss drei Problemfelder nähere Aufmerksamkeit verdienen.

1. Anleihen beim Subsidiaritäts- und Verhältnismäßigkeitsgrundsatz

Wie gesehen hat die EUStA nach Art. 22 III EUStA-VO also grundsätzlich die Kompetenz auch für Begleittaten von PIF-Delikten. In den Fällen der Art. 25 III EUStA-VO darf sie diese jedoch nicht ausüben. Die darin anklingende Differenzierung mag kopflastig wirken, denn ob die EUStA eine Zuständigkeit gar nicht erst hat oder ob sie diese nicht ausüben darf, kommt im konkreten Fall auf das Gleiche heraus. Allerdings ist dieser Mechanismus im Unionsrecht nicht neu, sondern aus der generellen Zuständigkeitsabgrenzung zwischen Union und Mitgliedstaaten bekannt: Der Union wurden bestimmte Kompetenzen übertragen, sie unterliegt aber den Kompetenzausübungsschranken der Subsidiarität und der Verhältnismäßigkeit.[9] Dieser Mechanismus erlaubt ein Nebeneinander von Kompetenzen und macht ihre Abgrenzung zu einer Frage des Einzelfalles. Auch weil er sich im allgemeinen Unionsrecht als integrationsfreundlich erwiesen hat,[10] war es wohl kompromissfähig, ein ähnliches Regelungsregime für die Zuständigkeitsabgrenzung zwischen EUStA und mitgliedstaatlichen Strafverfolgungsbehörden zu schaffen.[11] In Anlehnung an den eingeführten Begriff der Kompetenzausübungsschranken sollen die Regelungen

8 Kritisch zum Strafrahmenvergleich in Art. 25 III lit. a) EUStA-VO *Caianiello*, NJECL 2019, 186 (192); *Bitzilekis*, in: Asp (Fn. 5), 112 (114 ff.).

9 *Satzger* (Fn. 1), § 8 Rn. 28.

10 Auch in anderem Kontext wäre eine solche bewegliche Abgrenzung denkbar, etwa wenn bei strafrechtlichen Jurisdiktionskonflikten die Koordinierung unterschiedlicher mitgliedstaatlicher Zuständigkeiten zu lösen ist – s. dazu den Regelungsvorschlag bei *Zimmermann*, Strafgewaltkonflikte in der Europäischen Union, 2014, S. 369 ff.

11 HBB/*Herrnfeld* (Fn. 5), Art. 25 Rn. 14.

des Art. 25 II und III EUStA-VO im Folgenden als „Zuständigkeitsausübungsschranken“ bezeichnet werden.

Dabei werden die Anleihen bei dem unionsrechtlichen Subsidiaritätsprinzip in der De-minimis-Klausel des Art. 25 II EUStA-VO besonders deutlich: Bei einem geringen Schaden bis zu 10.000 Euro müssen zusätzliche Aspekte (Auswirkungen auf Unionsebene, Verstrickung europäischer Amtsträger) hinzukommen, die eine Behandlung des Falls auf Unionsebene erforderlich scheinen lassen.[12] Zugleich ist es ein Gebot der Verhältnismäßigkeit, vergleichsweise unbedeutende Fälle nicht auf die supranationale Ebene zu ziehen. Im Hinblick auf Art. 25 III EUStA-VO gilt im Ausgangspunkt nichts anderes: Sowohl die Klausel bzgl. des Strafrahmens (lit. a)) als auch diejenige bzgl. des Schadens (lit. b)) sollen Situationen beschreiben, in denen ein Sachverhalt nicht schwerpunktmäßig Interessen der Union betrifft, sodass er ebenso gut auf der mitgliedstaatlichen Ebene verfolgt werden kann (dazu, dass die Regelung tatsächlich weit über diese Fälle hinausreicht, s.u. III.3.). Zuletzt steht auch hinter Art. 25 IV EUStA-VO der Subsidiaritätsgedanke. Danach ist die Zuständigkeitsausübungsschranke des Art. 25 III lit. b) EUStA-VO durchbrochen, d.h. die EUStA bleibt zur Verfolgung zuständig, wenn sie besser dazu in der Lage ist als eine nationale Behörde.

2. *Unstimmigkeiten*

Schon bei oberflächlicher Lektüre zeigt sich allerdings, dass das soeben beschriebene Schema „weite Zuständigkeit, dafür Zuständigkeitsausübungsschranke im Einzelfall“ in der EUStA-VO nicht durchgehalten wird: Im Hinblick auf Mehrwertsteuerdelikte, für welche die EUStA gem. Art. 22 I EUStA-VO i.V.m. Art. 3 II lit. d) der Richtlinie zum strafrechtlichen Schutz der finanziellen Interessen (PIF-RL)[13] zuständig ist, schränkt Art. 22 I 2 EUStA-VO schon die Zuständigkeit – nicht nur deren Ausübung – dahingehend ein, dass die Handlungen mit dem Hoheitsgebiet von mindestens zwei Mitgliedstaaten verbunden sein und einen Schaden von mindestens zehn Millionen Euro umfassen müssen. Diese Beschränkung im Bereich der Mehrwertsteuerdelikte ist zwar auch in Art. 2 II 2 PIF-RL angelegt. Allerdings besagt die letztgenannte Vorschrift nur, dass

---

12 *Herrnfeld/Brodowski*, in: Herrnfeld/Esser (Fn. 5), § 5 Rn. 73; HBB/*Herrnfeld* (Fn. 5), Art. 25 Rn. 6.

13 Richtlinie (EU) 2017/1371, ABl. Nr. L 198 vom 28.07.2017, S. 29.

bei dem Nichtvorliegen dieser Voraussetzungen keine Kriminalisierungspflicht besteht. Dennoch wird ein Mehrwertsteuerbetrug auch unterhalb des Schwellenbetrags von zehn Millionen Euro und mit Bezug zu nur einem Mitgliedstaat in aller Regel ohnehin nach dessen nationalem Recht strafbar sein. Insofern beschränkt sich die Bedeutung des Art. 2 II 2 PIF-RL vorwiegend[14] darauf, dass die Mindesthöchststrafe von vier Jahren gem. Art. 7 III PIF-RL im Bereich der Mehrwertsteuerdelikte unterhalb eines Schadens von zehn Millionen Euro nicht greift. Zudem spiegelt diese Regelung, die nach ihrem Wortlaut auch nur „[f]ür die Zwecke dieser [PIF-] Richtlinie“ gedacht ist, letztlich nur die allgemeine Kompetenzausübungsschranke der Subsidiarität wider. Es hätte deshalb nahegelegen, sie in der EUStA-VO nicht durch einen pauschalen Ausschluss der Zuständigkeit abzubilden, wie es Art. 22 I 2 tut, sondern eine entsprechende Zuständigkeitsausübungsschranke in Art. 25 aufzunehmen.

Noch deutlich irritierender sind, speziell verglichen mit sonstigem Unionsrecht, zwei weitere Teilregelungen des Art. 25 EUStA-VO: Nach Art. 25 IV kann die Feststellung, dass die EUStA besser zur Verfolgung in der Lage ist als die nationale Behörde (und deshalb trotz des gleich hohen oder höheren Schadens eines anderen Opfers zuständig bleibt) nur mit der Zustimmung der nationalen Behörde getroffen werden. Verallgemeinert wird dieser Ansatz in Art. 25 VI EUStA-VO. Darin ist vorgesehen, dass bei Uneinigkeit über das Eingreifen der Zuständigkeitsausübungsschranken gem. Art. 25 II und III EUStA-VO stets die *nationalen* Behörden letztgültig entscheiden.[15] Dass die Art. 25 II und III EUStA-VO die EUStA in einem ersten Schritt zu Konsultationen mit den nationalen Behörden verpflichten, ist zwar isoliert betrachtet vollkommen einleuchtend. Wenn aber am Ende die mitgliedstaatlichen Behörden ohnehin das letzte Wort behalten, kann die EUStA in diesen „Konsultationen“ nur als Bittstellerin auftreten. Hier haben sich die Mütter und Väter der Verordnung also für einen sehr viel vorsichtigeren Weg als beim allgemeinen Subsidiaritätstest entschie-

---

14 Gewiss sind weitere Auswirkungen denkbar – so muss etwa keine Versuchsstrafbarkeit gem. Art. 5 II PIF-Richtlinie vorgesehen werden und es gibt keine Pflicht, nach Art. 10 PIF-Richtlinie die Einziehung von Tatwerkzeugen und -erträgen vorzusehen. Ähnlich wie im Hinblick auf das Fehlen einer Pönalisierungspflicht dürften aber auch dies in der Mehrzahl der Mitgliedstaaten theoretische Folgen bleiben.

15 Zu Zuständigkeitskonflikten mit nationalen Behörden *Herrnfeld/Brodowski*, in: Herrnfeld/Esser (Fn. 5), § 5 Rn. 84 f.; ausführliche Regelungen finden sich auch in den Guidelines on Investigation, Evocation Policy and Referral of Cases, Decision of the College of the European Public Prosecutor's Office of 21 April 2021, amended by Decision 026/2022 of 29 June 2022, Annex 1, Nr. 4.

den; die Vorschrift birgt auch ein latentes Missbrauchspotenzial. Einen gewissen Trost mag man darin sehen, dass die mitgliedstaatlichen Behörden bei der Entscheidung gem. Art. 25 IV und VI EUStA-VO ihre allgemeine Loyalitätspflicht gegenüber der Union (Art. 4 III EUV) zu beachten haben. Etwaige Missbrauchsfälle eröffnen daher prinzipiell die Möglichkeit eines Vertragsverletzungsverfahrens.[16] Das ist aber ein so langer und steiniger Weg, dass für das konkrete Strafverfahren damit nichts gewonnen ist.

Bereits an dieser Stelle lässt sich daher festhalten: Restlos stimmig ist die Regelung der Zuständigkeitsausübungsschranken in der EUStA-Verordnung nicht.

III. Problemfeld 1: Anwendungsfragen des Art. 25 III lit. a) EUStA-VO

Wenden wir uns nun speziell Art. 25 III EUStA-VO zu: Die Rechtsfolge dieser recht verschachtelten Regelung ist für beide Varianten (Strafrahmen oder Schaden) identisch: Die EUStA kann ihre Zuständigkeit „[i]n Bezug auf unter Artikel 22 [EUStA-VO] fallende Straftaten" nicht ausüben. Da Art. 22 EUStA-VO in seinem ersten Absatz allgemein auf die PIF-Richtlinie verweist, bedeutet das: Greift die Zuständigkeitsausübungsschranke nach Art. 25 III EUStA-VO, kann die EUStA von ihrer Zuständigkeit *insgesamt* keinen Gebrauch machen. Nicht lediglich eine untrennbar verbundene Straftat i.S.d. Art. 25 III lit. a) verbleibt also in der Zuständigkeit der mitgliedstaatlichen Behörden, sondern auch das PIF-Delikt ist dem Zugriff der EUStA entzogen.[17] Vor dem Hintergrund des Zwecks von Art. 22 III EUStA-VO, Doppelverfolgungen und „ne bis in idem"-Konstellationen zu vermeiden,[18] ist das folgerichtig – es bleibt bei der Verschmelzung zu einem Verfahren, das entweder bei der EUStA oder – falls die Zuständigkeitsausübungsschranke aktiviert wird – bei der nationalen Strafverfolgungsbehörde konzentriert wird. Im Hinblick auf die Wahrung des Grundsatzes „ne bis in idem" ergibt sich aus Art. 25 III lit. a) EUStA-VO also zumindest nach einer ersten Lektüre *kein* Problem (s. aber noch III.4.). Auf einem anderen Blatt steht, ob die Regelung auch im Übrigen überzeugend ist.

16 *Zöller/Bock*, in: Böse (Hrsg.), Enzyklopädie Europarecht, Band 11 – Europäisches Strafrecht, 2. Aufl. 2021, § 22 Rn. 30; *Hecker*, Europäisches Strafrecht, 6. Aufl. 2021, Kap. 4 Rn. 24, Kap. 7 Rn. 4; *Csonka/Juszczak/Sason*, Eucrim 2017, 125 (128).

17 *Herrnfeld/Brodowski*, in: Herrnfeld/Esser (Fn. 5), § 5 Rn. 77; HBB/*Herrnfeld* (Fn. 5), Art. 25 Rn. 15; *Neumann*, EuCLR 2022, 233 (249).

18 HBB/*Herrnfeld* (Fn. 5), Art. 25 Rn. 13, 15; *Guerra*, Eucrim 2021, 49 (49).

1. Die Grundidee der Regelung

Beginnen wir mit einem Beispiel, das gewissermaßen versucht, den „Normalfall“ nachzuzeichnen, für den Art. 25 III lit. a) EUStA-VO sinnvoll ist: Man stelle sich vor, EU-Subventionsgelder werden in einem in Deutschland spielenden Fall entgegen den Vorgaben verwendet (das ist strafbar gem. § 264 StGB, Höchststrafe fünf Jahre), um einen terroristischen Anschlag zu finanzieren (das ist strafbar gem. § 89c StGB, Höchststrafe zehn Jahre). Oder noch etwas stärker zugespitzt: Die Subventionsempfängerin tötet eine Mitwisserin, damit sie die Subvention wie geplant zweckwidrig verwenden kann.[19] In beiden Situationen greift wegen der höheren Strafdrohung für die mit dem PIF-Delikt in Zusammenhang stehende Tat Art. 25 III lit. a) EUStA-VO ein. Dass in diesen Konstellationen der Schwerpunkt nicht auf dem PIF-Delikt liegt und die Verfolgung in den Händen der mitgliedstaatlichen Behörden bleiben sollte, die anders als die EUStA über Routine und eingespielte Verfahren im Hinblick auf Terrorismus- und Kapitaldelikte verfügen, leuchtet ein.

2. Umgehungsgefahren

Dennoch zeigt sich schnell, dass die Vorschrift nicht recht in das durch die EUStA-VO geschaffene Zuständigkeitsgefüge passen will: Sie birgt zunächst eine gewisse Umgehungsgefahr. Ein Mitgliedstaat könnte durch eine gezielte Erhöhung seiner Höchststrafen für Nicht-PIF-Delikte dafür sorgen, dass sehr häufig Art. 25 III lit. a) EUStA-VO greift. Ein solches Konstrukt ließe sich sogar gezielt auf eine Ausschaltung der EUStA zuschneiden, indem man typischerweise mit PIF-Delikten einhergehende Straftaten mit einer höheren Strafdrohung versieht. Schrankenlos können die Mitgliedstaaten dies freilich nicht. Zum einen ergibt sich aus der allgemeinen Loyalitätspflicht der Mitgliedstaaten gem. Art. 4 EUV erneut die im Wege eines Vertragsverletzungsverfahrens justiziable Verpflichtung, der EUStA nicht gezielt das Wasser abzugraben.[20] Zum anderen setzt die Rückausnahme nach dem letzten Halbsatz von Art. 25 III lit. a) EUStA-VO eine wichtige Grenze: Die Zuständigkeit der EUStA bleibt erhalten, wenn eine mit einem PIF-Delikt in untrennbarem Zusammenhang stehende Tat zwar

19 *Brodowski*, StV 2017, 684 (687).

20 *Satzger* (Fn. 1), § 9 Rn. 9, 12, 27 ff.; *Hecker*, Europäisches Strafrecht (Fn. 16), Kap. 4 Rn. 24, Kap. 7 Rn. 4.

eine gleich hohe oder höhere Strafdrohung als das PIF-Delikt aufweist, aber lediglich das *Mittel* zu deren Begehung war.[21] Das Paradebeispiel hierfür wäre eine den Subventionsbetrug vorbereitende Urkundenfälschung.[22] Kurioserweise fällt – zumindest dem Wortlaut nach – aber auch der in Ermöglichungsabsicht begangene Mord in dem gekünstelten Beispiel von gerade eben unter die Rückausnahme; er wäre danach durch die EUStA zu verfolgen.

3. *Das Zusammentreffen von PIF-Delikten mit anderen Delikten*

a) *Beispiele für problematische Fälle*

Auch jenseits einer gezielt missbräuchlichen Ausgestaltung der Strafrahmen im innerstaatlichen Recht, die hoffentlich ein hypothetisches Szenario bleibt, ist die Zuständigkeitsausübungsschranke des Art. 25 III lit. a) EUStA-VO sehr weitreichend. So bedarf es oftmals gar keiner raffinierten Winkelzüge, um ein anderes Delikt mit höherer oder gleich hoher Strafdrohung in Zusammenhang mit einem PIF-Delikt zu finden, wie die folgenden Beispiele zeigen:

- Man stelle sich etwa vor, dass ein Unternehmen Subventionen sowohl von der EU als auch vom Bundeswirtschaftsministerium erhält, im Anschluss aber gegenüber beiden Geldgebern eine subventionserhebliche Tatsache verschweigt. In diesem Fall ist § 264 I Nr. 3 StGB zweimal verwirklicht: zum einen im Hinblick auf den Unionshaushalt (vgl. § 264 VIII Nr. 2 StGB) – und insoweit wäre die EUStA gem. Art. 22 I EUStA-VO i.V.m. Art. 3 II lit. a) iii) PIF-Richtlinie grundsätzlich für die Verfolgung zuständig. Zum anderen wurde in diesem Beispiel aber auch ein Subventionsbetrug zulasten des Bundeshaushalts begangen.[23]
- Ein weiteres, mutmaßlich recht praxisrelevantes Beispiel wäre der Fall, dass bei der Einfuhr von Tabakwaren in die Union deren Wert bewusst zu niedrig angegeben wird, sodass sowohl der Zoll als auch die natio-

---

21 *Herrnfeld/Brodowski*, in: Herrnfeld/Esser (Fn. 5), § 5 Rn. 79; HBB/*Herrnfeld* (Fn. 5), Art. 25 Rn. 14.

22 *Gleß/Wahl*, in: Schomburg/Lagodny (Hrsg.), Internationale Rechtshilfe in Strafsachen, 6. Aufl. 2020, III. D. 5 Einf. Rn. 6; *Sitbon*, in: Geelhoed/Erkelens/Meij (Fn. 2), 129 (136); *Brodowski*, StV 2017, 684 (686).

23 *Neumann*, EuCLR 2022, 233 (250).

nale Tabaksteuer verkürzt wird.[24] Beide Aspekte werden vom Straftatbestand des § 370 AO erfasst (vgl. § 3 III 1 und § 369 I AO für die Zollhinterziehung). Nur im Hinblick auf die Hinterziehung der Zölle wäre aber die EUStA zuständig. Normalerweise wären dies klare Fälle für Art. 22 III EUStA-VO. Da aber auf das PIF-Delikt und das untrennbar verbundene Nicht-PIF-Delikt jeweils derselbe Straftatbestand und damit die gleiche Strafdrohung zur Anwendung kommt, darf die EUStA ihre Zuständigkeit gem. Art. 25 III lit. a) EUStA-VO nicht ausüben.

- Ähnliche Probleme treten auch bei der Einfuhr anderer Güter auf: Wird deren Wert zu niedrig deklariert, werden dadurch sowohl Zölle als auch die Einfuhrumsatzsteuer verkürzt. Beide fallen zwar grundsätzlich unter Art. 3 II lit. c) und lit. d) der PIF-Richtlinie, sodass prinzipiell die EUStA zuständig wäre. Liegt der Schaden im Hinblick auf die Einfuhrumsatzsteuer aber unter zehn Millionen Euro, greift die bereits erwähnte Ausnahme in Art. 22 I 2 EUStA-VO. Insoweit fehlt es also an einer originären Zuständigkeit der EUStA, die den Mehrwertsteuerbetrug nur als eine mit der Zollverkürzung in Zusammenhang stehende Tat verfolgen dürfte. In Anbetracht der – jedenfalls nach deutschem Recht, vgl. nochmals § 370 AO – identischen Strafdrohung ist also wiederum die Zuständigkeitsausübungsschranke des Art. 25 III lit. a) EUStA-VO einschlägig.

Verständlicherweise sind diese Ergebnisse aus der Perspektive der EUStA wenig befriedigend. Speziell das dritte Beispiel gibt besonderen Anlass zu Kritik an der geltenden Regelung, handelt es sich doch im Ausgangspunkt um *zwei PIF-Delikte*, die nur aufgrund zweier politischer Kompromisse – bzgl. der Mehrwertsteuer und der Strafdrohung für untrennbar verbundene Delikte – dann plötzlich *beide* nicht mehr durch die EUStA verfolgbar wären. Aber vielleicht lässt die Verordnung ja doch Spielraum für ein abweichendes Ergebnis:

b) Lösungsansatz 1: Beschränkung auf sachlich untrennbar verbundene Delikte

Ein erster Ansatz könnte darin bestehen, die Zuständigkeitsausübungsschranke des Art. 25 III lit. a) EUStA-VO auf Fälle zu begrenzen, in denen nicht lediglich formal (durch die Verankerung in ein und derselben Norm), sondern sachlich besonders eng verwobene Tatbestände in Rede

24 *Herrnfeld/Brodowski*, in: Herrnfeld/Esser (Fn. 5), § 5 Rn. 80; *Neumann*, EuCLR 2022, 233 (251, 257).

stehen. Dann ließe sich im zweiten Beispiel argumentieren, dass Zölle und nationale Steuern doch zwei verschiedene, voneinander unabhängige Abgabenarten seien, die jeweils eigenen Regeln folgten und nur aufgrund eines Beliebens des Gesetzgebers beide unter die Generalnorm des § 370 AO fielen. Sonderlich überzeugend erschiene dieser Ansatz aber nicht. Erstens brächte er schwierigste Abgrenzungsfragen mit sich – liegt etwa im dritten Beispiel bei Zöllen und Einfuhrumsatzsteuern nicht möglicherweise doch eine enge sachliche Verknüpfung vor? Zweitens zeigt die in Art. 25 III lit. a) EUStA-VO enthaltene Gegenausnahme mit dem idealtypischen Beispiel des Urkundendelikts, dass die Vorschrift vom europäischen Gesetzgeber grundsätzlich sehr wohl dazu gedacht ist, verschiedenartige Tatbestände – selbst mit unterschiedlichen Schutzgütern – zu erfassen. Auch dass Art. 25 III lit. a) EUStA-VO auf eine divergierende Strafdrohung abstellt, die bei sehr unterschiedlichen Delikten geradezu der Regelfall ist, deutet darauf hin, dass eine Beschränkung wie die soeben angedachte nicht im Sinne der Erfinderinnen wäre.

c) Lösungsansatz 2: Nichtanwendung bei identischem Straftatbestand

Überzeugender erschiene demgegenüber ein zweiter Ansatz, der genau in die entgegengesetzte Richtung zielt: Man könnte in Betracht ziehen, aus dem Anwendungsbereich des Art. 25 III lit. a) EUStA-VO die Fälle auszuschließen, in denen das PIF-Delikt und das untrennbar verbundene Delikt einen identischen Straftatbestand verwirklichen.[25] Das wäre in den drei Beispielen der Fall (§ 264 StGB im ersten Beispiel, § 370 AO im zweiten und dritten), sodass die EUStA ihre nach Art. 22 I und III EUStA-VO begründete Zuständigkeit für das gesamte Geschehen ausüben könnte.

Ein systematisches Argument für diesen Vorschlag mag man darin sehen, dass Art. 25 III lit. b) EUStA-VO speziell die Fälle in den Blick nimmt, in denen eine Tat mehreren Opfern Schaden zufügt. In aller Regel dürften das Fälle sein, in denen derselbe Straftatbestand zulasten unterschiedlicher Personen verwirklicht wurde. Hätte diese Konstellation mit lit. a) erfasst werden sollen, dann hätte lit. b) keinen eigenständigen Anwendungsbereich;[26] eine Differenzierung nach Schadenshöhen, wie sie lit. b) vorsieht,

25 *Neumann*, EuCLR 2022, 233 (251).

26 Dass für das PIF-Delikt eine höhere Strafe droht (und deshalb lit. a) nicht greift), aber der Schaden für ein anderes Opfer als die Union größer ist, dürfte allenfalls denkbar sein, wenn nicht der identische Straftatbestand zur Anwendung kommt.

wäre überflüssig. Ein Einwand könnte sein, dass die Schranke des Art. 25 III lit. b) EUStA-VO nach Art. 25 III UAbs. 2 für viele Fälle des Betrugs zulasten des Unionshaushalts gar nicht gilt, sondern ausschließlich für Taten in Bezug auf Einnahmen, die nicht solche aus Mehrwertsteuer-Eigenmitteln sind (Art. 3 II lit. c) PIF-RL), daneben für sonstige gegen die finanziellen Interessen der Union gerichtete Straftaten (Art. 4 PIF-RL). Es ließe sich daher bezweifeln, ob aus lit. b) wirklich Rückschlüsse für die Auslegung von lit. a) gezogen werden können.[27] Allerdings gibt es eben doch eine Reihe von Delikten, bei denen prinzipiell beide Regelungen des Art. 25 III EUStA-VO nebeneinander gelten; das systematische Argument bleibt also valide.

Möglicherweise ließe sich diese Einschränkung sogar an der im letzten Halbsatz des Art. 25 III lit. a) EUStA-VO vorgesehenen Rückausnahme festmachen. Zwar scheint die Formulierung, dass das Nicht-PIF-Delikt „Mittel" zur Begehung des PIF-Delikts gewesen sein müsse, auf eine chronologische Abfolge hinzudeuten. Man könnte aber argumentieren, dass in den obigen Beispielen der Subventionsbetrug zulasten der Union kaum gelingen würde, wenn gegenüber der nationalen Förderstelle alle subventionserheblichen Tatsachen offengelegt würden; ebenso wäre in den Schmuggelfällen die Zollhinterziehung zum Scheitern verurteilt, wenn im Hinblick auf die Tabak- bzw. die Einfuhrumsatzsteuer zutreffende Angaben gemacht würden. Mit anderen Worten: Der Begriff „Mittel" muss nicht zwangsläufig eng verstanden werden. Die französische Sprachfassung der EUStA-VO verwendet tatsächlich die deutlich weitere Umschreibung „contribué" – die untrennbar verbundene Tat muss danach nur zur Begehung des PIF-Delikts „beigetragen" haben. Auch wird aus Erwägungsgrund Nr. 56 deutlich, dass der Unionsgesetzgeber Fälle meinte, in denen das Nicht-PIF-Delikt akzessorischen, unterstützenden (englisch: „ancillary") Charakter hat.[28]

d) Reformbedarf

Allerdings wären selbst auf der Grundlage dieses Vorschlags keineswegs alle Probleme aus der Welt geschafft: Denn ob ein Geschehen zweimal den

---

27 So bliebe – bei der soeben angedachten Nichtanwendung des Art. 25 III lit. a) EUStA-VO – im ersten und im dritten Beispiel die EUStA gem. Art. 25 III UAbs. 2 unabhängig von der Schadenshöhe zuständig.

28 *Herrnfeld/Brodowski*, in: Herrnfeld/Esser (Fn. 5), § 5 Rn. 79; HBB/*Herrnfeld* (Fn. 5), Art. 25 Rn. 14.

identischen Straftatbestand verwirklicht, ist letztlich ein rein formales Kriterium. So steht es etwa im Belieben des mitgliedstaatlichen Gesetzgebers, die Hinterziehung von Zöllen und Tabak- oder Einfuhrumsatzsteuern in zwei unterschiedlichen Tatbeständen zu erfassen. Letztlich wird es deshalb dem Unionsgesetzgeber obliegen, die allzu weitreichende Beschneidung der EUStA-Zuständigkeit in Art. 25 III lit. a) EUStA-VO zu korrigieren. Als vergleichsweise einfache Lösung wäre es beispielsweise denkbar, untrennbar verbundene Sachverhalte in der EUStA-Zuständigkeit zu belassen, solange die Strafdrohung des Nicht-PIF-Delikts nicht *höher* ist als diejenige des PIF-Delikts. Ebenfalls wäre es denkbar, Art. 25 III EUStA-VO so umzuformulieren, dass es für eine Zuständigkeit der EUStA ausreicht, wenn entweder der Strafrahmen des PIF-Delikts oder der Schaden der Union höher ist.[29]

4. Sonderkonstellation: Gerichtsbarkeit mehrerer Mitgliedstaaten

Ein weiteres Problem rund um Art. 25 III lit. a) EUStA-VO soll nicht unerwähnt bleiben: Die angedrohten Höchststrafen sind in den Mitgliedstaaten sehr unterschiedlich ausgestaltet und wurden durch Art. 7 PIF-RL kaum angeglichen.[30] Dadurch entsteht das Phänomen „asymmetrischer Zuständigkeiten“: Nach dem Recht eines Mitgliedstaats A wäre die EUStA möglicherweise zuständig (weil dort das PIF-Delikt die höhere Höchststrafe aufweist), nach dem Recht eines anderen Mitgliedstaats B hingegen nicht (weil dort das untrennbar verbundene Nicht-PIF-Delikt eine gleich hohe oder höhere Höchststrafe vorsieht).[31] Damit droht zugleich der zentrale Gedanke der Zuständigkeitskonzentration mit dem Ziel, „ne bis in idem“-Konstellationen vorzubeugen, konterkariert zu werden. Denn wenn im Hinblick auf die unterschiedlichen Strafdrohungen die EUStA im Verhält-

---

29 Aktuell ist es umgekehrt: Sowohl eine gleich hohe oder geringere Höchststrafe des PIF-Delikts als auch ein geringerer oder gleich hoher Schaden der Union hindert die EUStA daran, ihre Zuständigkeit auszuüben.

30 Dass die Strafdrohung gem. Art. 7 I und II PIF-RL wirksam, verhältnismäßig und abschreckend sein sowie (für die meisten Fälle) im Höchstmaß eine Freiheitsstrafe androhen muss, belässt den Mitgliedstaaten so große Spielräume, dass von einer Angleichung keine Rede sein kann. Selbst die Mindesthöchststrafe gem. Art. 7 III PIF-RL hat wegen fehlender Vorgaben zum Strafuntermaß und zur Strafzumessung bestenfalls einen sehr begrenzten Harmonisierungseffekt, s. *Satzger* (Fn. 1), § 9 Rn. 51.

31 Zu asymmetrischen Zuständigkeiten vertieft *Neumann*, EuCLR 2022, 233 (251 ff.).

nis zu Mitgliedstaat A zuständig bleibt, im Verhältnis zu Mitgliedstaat B aber zurückstecken muss, besteht die Gefahr, dass doch parallel wegen derselben Tat i.S.d. Art. 54 SDÜ ein Verfahren durch die EUStA und ein zweites durch nationale Behörden des Mitgliedstaats B geführt wird.[32]

Um dies zu vermeiden, muss festgelegt werden, auf welche Höchststrafdrohung es ankommen soll, wenn die untrennbar verbundenen Straftaten der Gerichtsbarkeit mehrerer Mitgliedstaaten unterfallen. Beispielsweise könnte man sich vorstellen, dass der Täter unserer Zoll- und Tabaksteuerhinterziehung Italiener ist, aber in Deutschland gehandelt hat. Unterstellt, dass in Italien für das Hinterziehen von Tabaksteuern eine niedrigere Strafdrohung vorgesehen ist als für das Zolldelikt, könnte die EUStA sich dann darauf berufen, dass sie auf der Grundlage der italienischen Straftatbestände ihre Zuständigkeit ausüben dürfe? Man wird in solchen Fällen die Wertung des Art. 26 IV EUStA-VO berücksichtigen müssen, wonach prinzipiell die Ermittlungen im Tatortstaat zu führen sind und dementsprechend auch die Strafrahmen dieses Mitgliedstaats bei der Anwendung des Art. 25 III lit. a) EUStA-VO den Ausschlag geben sollten. Stattdessen das Verfahren in einen anderen Mitgliedstaat zu verlagern, nur um die Zuständigkeitsausübungsschranke zu umgehen, wäre keine „gebührende Begründung“ im Sinne des Art. 26 IV 2 EUStA-VO.

IV. Problemfeld 2: Ausnahme von „ne bis in idem“ bei Umgehung der EUStA-Zuständigkeit?

Lösen wir uns nun von Art. 25 III EUStA-VO – denn es gibt noch zwei weitere Problemkreise im Zusammenhang mit der Ermittlungszuständigkeit der EUStA und „ne bis in idem“, die hier kurz angesprochen werden sollen. Eine interessante Situation tritt ein, wenn eine mitgliedstaatliche Strafverfolgungsbehörde trotz der Zuständigkeit der EUStA selbst das Strafverfahren durchpeitscht und zu einem rechtskräftigen Abschluss bringt, der aus Sicht der EUStA unangemessen milde ist – sei es durch ein mildes Urteil, sei es durch eine Einstellung gegen Auflagen, wie es § 153a StPO vorsieht.[33]

Vorstellbar wäre dies erstens in der Konstellation, dass die nationale Behörde die EUStA gar nicht erst von einem Verfahren in Kenntnis setzt, das

32 *Neumann*, EuCLR 2022, 233 (252).

33 Zu deren „ne bis in idem“-Wirkung i.S.d. Art. 54 SDÜ s. bereits EuGH, Urt. v. 11.2.2003, Gözütok/Brügge, verb. Rs. C-187/01 und C-385/01, EU:C:2003:87.

in deren Zuständigkeit fällt oder fallen könnte. Das wäre ein klarer Verstoß gegen die in Art. 24 I bis III EUStA-VO etablierten Mitteilungspflichten. In der Folge könnte natürlich die Kommission ein Vertragsverletzungsverfahren gegen diesen Mitgliedstaat anstrengen. Die EUStA hingegen hätte im Hinblick auf das konkrete Strafverfahren, das ihr durch die mitgliedstaatlichen Behörden vorenthalten wurde, keine Handhabe. Die Verordnung enthält für diesen Fall schlicht keine Regelung. Da etwaige Einschränkungen oder Ausnahmen vom Verbot der Doppelbestrafung in Art. 50 Grundrechtecharta nach deren Art. 52 I gesetzlich vorgesehen sein müssten, bliebe es in diesem Fall bei der Geltung des Grundsatzes „ne bis in idem".

Die zweite Konstellation ist diejenige, dass die EUStA ihre Zuständigkeit bereits ausgeübt hat, die mitgliedstaatlichen Behörden „ihr" Verfahren aber dennoch weiterbetreiben und schneller zum rechtskräftigen Abschluss bringen. In einem solchen Fall läge ebenfalls ein klarer Verstoß gegen die EUStA-Verordnung vor, diesmal gegen Art. 25 I 2 EUStA-VO: Danach darf die mitgliedstaatliche Behörde das Verfahren nicht selbst fortführen, sobald die EUStA ihre Zuständigkeit ausgeübt hat. Wenn sie es doch tut, verstößt das also gegen eine unmittelbar anwendbare Vorschrift des Unionsrechts. Art. 25 I 2 EUStA-VO dürfte hinreichend klar und bestimmt, mit anderen Worten self-executing sein. Was bedeutet das nun für den Grundsatz „ne bis in idem" – könnte Art. 25 I 2 EUStA-VO möglicherweise als sekundärrechtliche Einschränkung des in Art. 50 der Charta geregelten Verbots der Doppelbestrafung verstanden werden? Eine gesetzliche Grundlage, wie sie Art. 52 I der Charta voraussetzt, gäbe es hier ja immerhin; die Lage wäre insofern anders als in der ersten Konstellation, in der die EUStA gar nicht die Chance hatte, ihre Zuständigkeit auszuüben. Dennoch sollte der Grundsatz „ne bis in idem" ungeachtet des Rechtsverstoßes der mitgliedstaatlichen Behörden auch in diesem Fall gelten: Kompetenzstreitigkeiten zwischen Behörden dürfen nicht auf dem Rücken des Verfahrensbetroffenen ausgetragen werden. Wenn die EUStA meint, aufgrund des mitgliedstaatlichen Rechtsverstoßes ihr eigenes Revier markieren zu müssen, rechtfertigt es dies nicht, dem bereits Abgeurteilten die Belastungen eines weiteren Strafverfahrens aufzubürden. Diese Position lässt sich auch auf die EuGH-Rechtsprechung zu Ausnahmen von Art. 50 Grundrechtecharta in den Rechtssachen *Menci* und *Garlsson Real Estate* stützen: Danach setzen mehrfache Strafverfahren wegen derselben Tat voraus, dass die beiden Verfahren eng koordiniert werden.[34] Das ist bei einem „Wettlauf“ der Verfolgungsbehörden aber gerade nicht der Fall.

V. Problemfeld 3: EUStA-Zuständigkeit und Fragen der Rechtshängigkeit

Zuletzt sei noch ein Schlaglicht auf Fragen der Rechtshängigkeit geworfen, die nach deutschem Strafverfahrensrecht ein Prozesshindernis begründet und nach h.M. ab der ersten Anklageerhebung ein paralleles Strafverfahren wegen derselben Tat unterbindet.[35] Ein vergleichbares Institut gibt es im Unionsrecht nicht, weil die „ne bis in idem“-Garantien in Art. 50 Grundrechtecharta und Art. 54 SDÜ eine rechtskräftige Aburteilung voraussetzen.[36] Was bedeutet dies für den Fall, dass eine nationale Staatsanwaltschaft Anklage erhebt und sich erst danach herausstellt, dass die EUStA zuständig wäre? Nach Art. 27 VII UAbs. 2 EUStA-VO ist die Ausübung des Evokationsrechts durch die EUStA prinzipiell nicht mehr möglich, sobald die Ermittlungen abgeschlossen sind oder Anklage erhoben wurde.[37] Vielleicht gibt es aber Hintertüren, die es der EUStA doch noch ermöglichen, das Verfahren an sich zu ziehen:

Solange sich der Fall noch im Zwischenverfahren befindet, ist nach deutschem Recht gem. § 156 StPO eine Rücknahme der Anklage möglich.[38] Jedenfalls wenn die EUStA signalisiert, dass sie weiteren Ermittlungsbedarf sieht und das Verfahren übernehmen will, ließe sich argumentieren, dass sich das Rücknahmeermessen der nationalen Staatsanwaltschaft unionsrechtlich zu einer Rücknahmepflicht verdichte.[39] Allerdings setzt dies immer noch ein entsprechendes Tätigwerden der mitgliedstaatlichen Staatsanwaltschaft voraus. Die mit der EUStA-VO begründete Zuständigkeitsordnung führt also auch dann nicht zu einem automatischen Wegfall der Anklage. Anderenfalls würde die Verfahrenshandlung der Anklageerhebung letztlich als nichtig behandelt. Ein solches Konstrukt dürfte

---

34 EuGH, Urt. v. 20.3.2018, Menci, C-524/15, EU:C:2018:197, Rn. 63; EuGH, Urt. v. 20.3.2018, Garlsson Real Estate and Others, C-537/16, EU:C:2018:193, Rn. 42 ff.

35 HK-GS-StPO/*Bröckers*, 5. Aufl. 2022, § 207 Rn. 8.

36 MüKo-StGB/*Ambos*, 4. Aufl. 2020, Vorbemerkung zu § 3 Rn. 74 ff.

37 HBB/*Herrnfeld*, (Fn. 5), Art. 27 Rn. 20, 27.

38 LR-StPO/*Mavany*, 27. Aufl. 2019, § 156 Rn. 2; MüKo-StPO/*Teßmer*, 2016, § 156 Rn. 2.

39 Dies folgt zwar nicht aus Art. 25 I 2, weil die EUStA in diesem Zeitpunkt ihr Evokationsrecht nicht mehr ausüben kann (vgl. Art. 27 VII UAbs. 2). Stattdessen dürfte die unionsrechtliche Treuepflicht eine Rücknahme der Anklage erfordern.

schon allgemein auf wenig Zuspruch stoßen, noch weniger etabliert erscheint es im Zusammenspiel mit dem Anwendungsvorrang des Unionsrechts (Umkehrschluss aus Art. 27 VII UAbs. 2 EUStA-VO).

Sobald das Hauptverfahren eröffnet wurde, ist eine Anklagerücknahme gem. § 156 StPO dagegen ohnehin nicht mehr möglich.[40] In diesen Fällen ist die EUStA auf eine Zuschauerrolle festgelegt – es sei denn… sie könnte mit ihrem Verfahren auf einen anderen Mitgliedstaat ausweichen (Art. 54 SDÜ greift ja nicht, da noch keine rechtskräftige Aburteilung vorliegt). Ein solches Vorgehen müsste aber, auch wenn die Vorschrift dies nicht ausdrücklich sagt, zumindest das in Art. 26 IV EUStA-VO geschaffene Zuständigkeitsregime respektieren und sich namentlich auf den Mitgliedstaat beschränken, in dem der Schwerpunkt der Tathandlung stattgefunden hat. Zudem wäre auch sehr zweifelhaft, ob der dann zu erwartende Wettlauf um den früheren rechtskräftigen Abschluss des Verfahrens zwischen den mitgliedstaatlichen Stellen und der EUStA im Sinne einer rechtsstaatlichen Strafrechtspflege wäre – umso mehr, als es dann oft der Beschuldigte in der Hand haben wird, durch kooperatives Verhalten in dem einen Verfahren eine für ihn günstige Absprache herbeizuführen und das andere Verfahren durch eine entsprechende Prozesstaktik bis dahin hinauszuzögern.

VI. Fazit

Der Grundsatz „ne bis in idem“ ist, insbesondere in seiner grenzüberschreitenden Ausprägung gem. Art. 54 SDÜ und Art. 50 Grundrechtecharta, ein zentrales Justizgrundrecht und eine der wichtigsten strafprozessualen Errungenschaften im Recht der Europäischen Union. Dass die EUStA-VO in Art. 22 III das Ziel einer Bündelung von sachlich miteinander verknüpften Strafverfahren verfolgt, ist daher zu begrüßen. Umgekehrt ist es vor dem Hintergrund des Subsidiaritätsprinzips verständlich, dass die Mitgliedstaaten bestrebt waren, die damit verbundene Ausweitung der EUStA-Zuständigkeiten zu begrenzen. Der im Gesetzgebungsverfahren zur EUStA-VO für diesen Interessenwiderspruch gefundene Kompromiss überzeugt jedoch nicht: Zum einen reicht namentlich die Kompetenzausübungsschranke des Art. 25 III lit. a) EUStA-VO viel zu weit, da sie selbst bei nur identischer Strafdrohung für ein untrennbar verbundenes Nicht-

---

40 HK-GS-StPO/*Pfordte* (Fn. 35), § 156 Rn. 1; KK-StPO/*Diemer*, 8. Aufl. 2019, § 156 Rn. 1, 4.

PIF-Delikt der EUStA den kompletten Fall entzieht. Zum anderen steigert das „letzte Wort“, das den mitgliedstaatlichen Behörden nach Art. 25 IV und VI EUStA-VO hinsichtlich der Zuständigkeit zukommt, die Gefahr, dass der EUStA Fälle sachwidrig entzogen werden. De lege lata lassen sich diese Herausforderungen allenfalls zum Teil lösen, indem Art. 25 III lit. a) EUStA-VO nicht angewendet wird, wenn ein PIF-Delikt und ein untrennbar verbundenes Nicht-PIF-Delikt unter denselben Straftatbestand fallen. Im Übrigen ist ein Nachsteuern des europäischen Gesetzgebers angezeigt. Ein solches ist auch für den Fall in Erwägung zu ziehen, dass mitgliedstaatliche Behörden entgegen ihren Verpflichtungen aus der EUStA-VO ein Verfahren weiterbetreiben oder sogar rechtskräftig zum Abschluss bringen, für das eigentlich die EUStA zuständig wäre.

Die Zusammenarbeit der Europäischen Staatsanwaltschaft mit nationalen Ermittlungsbehörden

Anne Schneider

I. Einleitung

Mit der Europäischen Staatsanwaltschaft (EUStA) wurde die erste originäre Strafverfolgungsbehörde der Europäischen Union geschaffen. Zwar gibt es schon seit längerem EU-Behörden, die ua mit nationalen Strafverfolgungsbehörden kooperieren und deren Erkenntnisse in nationale Strafverfahren eingebracht werden. Ein Beispiel hierfür ist das Office Européen de Lutte Anti-Fraude (OLAF), das wie die EUStA die Aufgabe hat, die finanziellen Interessen der EU zu schützen, deren Kompetenzen und Zuständigkeiten sich jedoch deutlich von der EUStA unterscheiden, da OLAF als administrative Behörde konzipiert ist.[1] Im Gegenzug ist die EUStA explizit für die „strafrechtliche Untersuchung und Verfolgung sowie die Anklageerhebung in Bezug auf Personen, die als Täter oder Teilnehmer Straftaten zum Nachteil der finanziellen Interessen der Union [...] begangen haben" zuständig (Art. 4 VO (EU) 2017/1939[2], kurz: EUStA-VO).

Um ihr Mandat ausüben zu können, ist die EUStA auf die Unterstützung der Mitgliedstaaten angewiesen. Dies folgt schon daraus, dass die EUStA keine Möglichkeit hat, Ermittlungsmaßnahmen gegen den Willen der Betroffenen umzusetzen.[3] Hierfür ist die Unterstützung der zuständigen nationalen Behörden erforderlich. Diese sind gem. Art. 5 VI EUStA-VO verpflich-

---

1 S. zu den Ermittlungsverfahren von OLAF ausführlich *Scholten/Simonato*, in: Simonato/Luchtman/Vervaele (Hrsg.), Exchange of Information with EU and national enforcement authorities: Improving OLAF's legislative framework through a comparison with other EU law enforcement authorities (ECN/ESMA/ECB), März 2018, https://dspace.library.uu.nl/bitstream/handle/1874/364049/Utrecht_University_Hercule_III_Exchange_of_information_with_EU_and_national_enforcement_authorities.pdf?sequence=1&isAllowed=y (23.12.2022), S. 9 ff.

2 Verordnung (EU) 2017/1939 des Rates vom 12. Oktober 2017 zur Durchführung einer Verstärkten Zusammenarbeit zur Errichtung der Europäischen Staatsanwaltschaft (EUStA), OJ L 283, 31.10.2017, S. 1.

3 *Trautmann*, in: Herrnfeld/Esser (Hrsg.), Europäische Staatsanwaltschaft Handbuch, 2022, § 6 Rn. 1.

tet, die Ermittlungen und Strafverfolgungsmaßnahmen der EUStA im Wege der loyalen Zusammenarbeit zu fördern und zu unterstützen. Im Folgenden soll diese Zusammenarbeit näher in den Blick genommen werden. Dabei wird zunächst ein Überblick über die Kooperation der EUStA mit nationalen Behörden gegeben, bevor in einem nächsten Schritt das Ermittlungsverfahren der EUStA näher in den Blick genommen wird.

II. Überblick über die Zusammenarbeit mit nationalen Behörden

Die EUStA ist auf die Kooperation mit den nationalen Behörden angewiesen. Dies spiegelt sich darin wider, dass die EUStA-VO an vielen Stellen explizite Kooperationspflichten vorsieht. Auch aus dem Grundsatz der loyalen Zusammenarbeit ergeben sich Kooperationspflichten.[4]

1. Informations- und Unterrichtungspflichten

Einen wichtigen Raum nehmen Informations- und Unterrichtungspflichten ein. Diese dienen va dazu, die EUStA mit den Informationen zu versorgen, die sie benötigt, um zu entscheiden, ob sie gem. Art. 25 EUStA-VO ihre Zuständigkeit ausüben möchte. Die maßgebliche Vorschrift in Art. 24 EUStA-VO ist – ebenso wie die Zuständigkeitsregelung – kompliziert.[5] Sie unterscheidet zwischen Meldungen und Unterrichtungen, wobei letztere ein laufendes Ermittlungsverfahren voraussetzen.[6] Es finden sich folgende Pflichten:

a) Informationspflichten der nationalen Behörden

- Art 24 I, II EUStA-VO: Meldung einer Straftat, die in die Zuständigkeit der EUStA fallen könnte, und Unterrichtung bzgl. eingeleiteter Ermittlungsverfahren durch nationale Strafverfolgungsbehörden, die die EUStA übernehmen könnte.

---

4 S. den Überblick zu expliziten und impliziten Pflichten in *Aden/Sanchez-Barrueco/Stephenson*, The European Public Prosecutor's Office: Strategies for Coping with Complexity, https://www.europarl.europa.eu/RegData/etudes/STUD/2019/621806/IPOL_STU(2019)621806_EN.pdf (20.9.2022), S. 49.

5 *Trautmann*, in: Herrnfeld/Esser (Fn. 3), § 6 Rn. 52.

6 *Trautmann*, in: Herrnfeld/Esser (Fn. 3), § 6 Rn. 61.

- Art. 24 III EUStA-VO: Unterrichtung der EUStA bei beabsichtigter Nichtabgabe des Verfahrens.
- Art. 24 V EUStA-VO: Meldung bei unklarem Schadensumfang.
- Art. 27 VII EUStA-VO: Unterrichtung der EUStA zu jedem Zeitpunkt des Verfahrens über alle neuen Sachverhalte, die diese dazu veranlassen könnten, ihre Entscheidung, ihre Zuständigkeit nicht auszuüben, zu überprüfen.
- Art. 28 II EUStA-VO: Unverzügliches Inkenntnissetzen des betrauten Delegierten Europäischen Staatsanwalts (kurz: betrauter DEStA) von den ergriffenen Eilmaßnahmen bzgl. der Sicherstellung des effektiven Ermittlungsverfahrens.

b) Informationspflichten der EUStA

- Art. 24 VI EUStA-VO: Unterrichtung der meldenden Behörde, dass keine Gründe für die Einleitung eines Ermittlungsverfahrens nach Art. 26 EUStA-VO oder für die Ausübung ihres Evokationsrechts nach Art. 27 EUStA-VO vorliegen.
- Art. 24 VIII EUStA-VO: Unterrichtung der zuständigen nationalen Behörden darüber, dass möglicherweise eine nicht in die Zuständigkeit der EUStA fallende Straftat begangen wurde, und Weiterleitung aller sachdienlichen Beweise.
- Art. 25 V EUStA-VO: Unterrichtung über jede Entscheidung der EUStA, ihre Zuständigkeit auszuüben oder nicht auszuüben.
- Art. 26 II EUStA-VO: Unterrichtung über die Einleitung eines Ermittlungsverfahrens an die Behörde, die das strafbare Verhalten nach Art. 24 I oder II gemeldet hat.
- Art. 26 VII EUStA-VO: Unterrichtung über jede Entscheidung, ein Ermittlungsverfahren einzuleiten.
- Art. 27 I EUStA-VO: Unterrichtung über (Nicht-)Ausübung des Evokationsrechts.
- Art. 27 III EUStA-VO: Unterrichtung über Kenntnis von einem eingeleiteten Ermittlungsverfahren, das nicht nach Art. 24 II EUStA-VO angezeigt wurde.
- Art. 27 VII EUStA-VO: Inkenntnissetzen von Verzicht auf die Ausübung der Zuständigkeit der EUStA.

Es zeigt sich, dass die EUStA und die nationalen Behörden in einem ständigen Austausch sein sollen, um Parallelverfahren zu vermeiden (s. auch Art. 25 I EUStA-VO). Das ist nicht nur mit Blick auf die Effektivität der

Strafverfolgung und die Schonung der Ressourcen der Justiz geboten, sondern auch vor dem Hintergrund des Ne-bis-in-idem-Grundsatzes aus Art. 50 GRC, Art. 54 SDÜ.

2. *Ermittlungsverfahren*

Das Ermittlungsverfahren wird in Fällen, in denen die EUStA ihre Zuständigkeit ausübt, ausschließlich von der EUStA geführt. Die nationalen Behörden geben ihre Akten ab und ermitteln nicht weiter (Art. 27 V EUStA-VO). Die Verfahrensführung obliegt gem. Art. 28 I EUStA-VO dem mit dem Verfahren betrauten DEStA, dh dem des Mitgliedstaats, in dem der Schwerpunkt der strafbaren Handlung liegt (Art. 26 IV EUStA-VO). Dieser kann Ermittlungsmaßnahmen entweder selbst treffen oder die zuständigen Behörden des Mitgliedstaats dazu anweisen, bestimmte Maßnahmen umzusetzen (Art. 28 I EUStA-VO). In Deutschland haben die DEStA und der Europäische Staatsanwalt gem. § 142b GVG den Status nationaler Staatsanwälte. Die nationalen Behörden sind verpflichtet, den Anweisungen Folge zu leisten, soweit das nationale Recht dies erlaubt (Art. 28 I EUStA-VO). Sie haben außerdem eine Eilzuständigkeit nach Maßgabe des Art. 28 II EUStA-VO. Die Weisungen erfassen nach deutschem Recht auch die Befugnis, die Polizei mit der Durchführung von Ermittlungen zu beauftragen.[7]

Da bei diesem Regelungsmodell die Effektivität der Ermittlungen der EUStA davon abhängt, welche Ermittlungsmaßnahmen das anwendbare nationale Recht vorsieht, enthält Art. 30 I EUStA-VO eine Liste von Maßnahmen, zu deren Anordnung die DEStA bei bestimmten Straftaten mindestens befugt sein müssen. Außerdem stehen ihnen alle weiteren Maßnahmen zur Verfügung, zu deren Anordnung die nationalen Staatsanwälte befugt sind (Art. 30 IV EUStA-VO). Die DEStA werden somit den nationalen Staatsanwälten mindestens gleichgestellt. Beschränkungen der Ermittlungsmaßnahmen sind nach Maßgabe des Art. 30 II und III EUStA-VO möglich.

Für grenzüberschreitende Ermittlungen in einem anderen Mitgliedstaat, der an der EUStA beteiligt ist, sieht die EUStA-VO in Art. 31 einen besonderen Mechanismus vor. Danach kann eine Maßnahme, die in einem anderen Mitgliedstaat ausgeführt werden soll, dem DEStA des anderen Mitgliedstaats zugewiesen werden, der diese dann nach Maßgabe des dorti-

---

7 *Trautmann*, in: Herrnfeld/Esser (Fn. 3), § 6 Rn. 127 f.

gen nationalen Rechts umsetzt. Diese Abweichung von der klassischen Rechtshilfe und dem Prinzip der gegenseitigen Anerkennung ist der Tatsache geschuldet, dass die EUStA sich als einheitliche Behörde versteht, innerhalb derer der Beweistransfer unproblematisch möglich sein soll.[8] Die Beziehung zu Drittstaaten und Mitgliedstaaten, die nicht an der EUStA beteiligt sind, regeln Art. 104, 105 EUStA-VO.

Es zeigt sich, dass die Zusammenarbeit mit den nationalen Behörden im Ermittlungsverfahren besonders eng ist. Da die EUStA keine eigenen Zwangsbefugnisse hat, sind die DEStA auf die Unterstützung der nationalen Behörden angewiesen, die mit Zwang Ermittlungsmaßnahmen durchsetzen dürfen, dh Polizeibehörden, Zollbehörden, Steuerfahndung etc.

3. *Hauptverfahren*

Diese enge Kooperation zwischen der EUStA und den nationalen Behörden zeigt sich auch im Hauptverfahren. Führen die Ermittlungen zu einer Anklage, wird diese vor den nach Maßgabe des nationalen Rechts zuständigen nationalen Gerichten erhoben (Art. 36 V EUStA-VO). Das Verfahren richtet sich nach nationalem Recht, ebenso wie die Beweiswürdigung (Art. 37 EUStA-VO). Auch Rechtschutz wird grundsätzlich durch die nationalen Gerichte gewährt (Art. 42 I EUStA-VO), wobei in bestimmten Fällen eine Vorlage zum EuGH im Wege des Vorabentscheidungsverfahrens in Betracht kommt. Dennoch ist auch das weitere Verfahren maßgeblich durch nationales Recht und die nationalen Justizbehörden geprägt.

4. *Zwischenfazit*

Es zeigt sich, dass die Kooperation zwischen EUStA und den nationalen Behörden sehr eng ist, wobei sich die Art der Kooperation je nach Stand des Verfahrens unterscheidet. Bei Aufnahme eines Verfahrens ist va der Informationsfluss zwischen EUStA und nationalen Behörden von elementarer Bedeutung, durch den die EUStA in die Lage versetzt wird, ihre Zuständigkeit auszuüben. Im laufenden Ermittlungs- und Hauptverfahren ist va die Möglichkeit, die nationale Infrastruktur zu nutzen, für die Tätigkeit der EUStA von Bedeutung, wobei der Einfluss der nationalen Justiz nach Abschluss des Ermittlungsverfahrens noch einmal deutlich größer

---

8 Herrnfeld/Brodowski/Burchard/*Herrnfeld*, EPPO, 2021, Art. 31 Rn. 5.

ist. Im Folgenden soll das Ermittlungsverfahren der EUStA näher in den Blick genommen werden, insbesondere die den DEStA zur Verfügung stehenden Ermittlungsmaßnahmen.

III. Die Ermittlungsmaßnahmen nach Art. 30 I EUStA-VO

Im Ermittlungsverfahren gilt der bereits angesprochene Grundsatz, dass sich die Befugnisse der DEStA nach nationalem Recht richten (s. auch Art. 13 I UAbs. 1 EUStA-VO). Art. 30 IV EUStA-VO stellt klar, dass die DEStA dieselben Maßnahmen anordnen dürfen wie nationale Staatsanwälte, also insoweit gleichbehandelt werden. Von diesem Grundsatz weicht die EUStA-VO allerdings in mehrfacher Hinsicht ab: Erstens werden in Art. 30 I Maßnahmen aufgeführt, die den DEStA unter bestimmten Voraussetzungen in den Mitgliedstaaten zur Verfügung stehen müssen, und zwar auch dann, wenn nationale Staatsanwälte dazu nicht befugt sind.[9] Zweitens erlaubt die EUStA-VO für diese Maßnahmen Bedingungen und Beschränkungen nach Maßgabe der Art. 30 II und III, definiert also insoweit das Ausmaß der zulässigen Einschränkungen ein Stück weit selbst. Drittens sind gem. Art. 41 EUStA-VO die in der Charta verankerten Beschuldigtenrechte (Absatz 1) sowie Verfahrensrechte, die das nationale Recht den Beteiligten zuerkennt (Absatz 3), zu achten. Und viertens steht die Anordnung der Maßnahmen nach Art. 30 I und IV EUStA-VO durch die DEStA gem. Art. 30 V EUStA-VO unter einem Verhältnismäßigkeitsvorbehalt.

1. Allgemeine Voraussetzungen

Art. 30 I EUStA-VO enthält die Verpflichtung der Mitgliedstaaten, sicherzustellen, dass die in lit. a)-f) genannten Maßnahmen den DEStA zur Verfügung stehen. Dabei ergibt sich aus der Regelungssystematik, dass es um die dem jeweiligen Mitgliedstaat zugeordneten DEStA geht.[10] Grenzüberschreitende Ermittlungen unterfallen der Spezialregelung des Art. 31 EUStA-VO.[11]

---

9 HBB/*Brodowski* (Fn. 8), Art. 30 Rn. 5.

10 HBB/*Brodowski* (Fn. 8), Art. 30 Rn. 7.

11 *Niedernhuber*, in: Herrnfeld/Esser (Fn. 3), § 7 Rn. 94; HBB/*Brodowski* (Fn. 8), Art. 30 Rn. 7.

Die Verpflichtung der Mitgliedstaaten greift allerdings nur ein, wenn die der Ermittlung zugrundeliegende Straftat mit einer Freiheitsstrafe im Höchstmaß von mindestens vier Jahren bedroht ist. Dabei geht es nur um Straftaten, die in die Zuständigkeit der EUStA fallen, also solche aus der PIF-Richtlinie[12] (s. Art. 22 EUStA-VO). Dennoch ist die Vorgabe einer klaren Strafrahmenobergrenze kritisch zu sehen, da die Mitgliedstaaten zum Teil sehr unterschiedliche Strafrahmenober- und -untergrenzen kennen.[13] Hinzu kommt, dass die PIF-Richtlinie ein Mindesthöchstmaß von vier Jahren nur für Fälle anordnet, die einen erheblichen Schaden oder Vorteil beinhalten (Art. 7 III PIF-Richtlinie). Dies setzt in der Regel einen Schaden in Höhe von mehr als 100.000 Euro voraus.[14] Die EUStA ist hingegen für alle in der PIF-Richtlinie genannten Straftaten zuständig, wobei die Zuständigkeit bei Mehrwertsteuerbetrug auf Taten mit einer hohen Schadenssumme beschränkt ist (Art. 22 I EUStA-VO).[15] Es ist daher möglich, dass ein Verfahren von der EUStA geführt wird, ihr aber die in Art. 30 I EUStA-VO genannten Ermittlungsmaßnahmen nicht zur Verfügung stehen müssen.

Im deutschen Recht bleibt diese Konstellation theoretisch, da alle Delikte, die der Umsetzung der PIF-Richtlinie dienen, eine Strafe im Höchstmaß von fünf Jahren oder mehr vorsehen.[16] Dies gilt für Subventionsbetrug (§ 264 StGB), Betrug (§ 263 StGB), Straftaten nach §§ 1–3 EU-Finanzschutzstärkungsgesetz[17], Steuerhinterziehung (§ 370 AO), gewerbsmäßigen, gewaltsamen oder bandenmäßigen Schmuggel (§ 373 AO), Geldwäsche (§ 261 StGB), Bestechlichkeit und Bestechung von Mandatsträgern (§ 108e StGB), Bestechung und Bestechlichkeit (§§ 332, 334 StGB) und Untreue (§ 266 StGB). Insoweit sind nach deutschem Recht in allen Fällen, in denen die EUStA zuständig ist, die Maßnahmen des Art. 30 I EUStA-VO zur Verfügung zu stellen.

---

12 Richtlinie (EU) 2017/1371 des Europäischen Parlaments und des Rates vom 5. Juli 2017 über die strafrechtliche Bekämpfung von gegen die finanziellen Interessen der Union gerichtetem Betrug, OJ L 198/29.

13 S. hierzu *Linder*, in: Satzger (Hrsg.), Harmonisierung strafrechtlicher Sanktionen in der Europäischen Union, 2020, S. 615 (625).

14 Diese Grenze gilt nicht für Mehrwertsteuerbetrug. S. dazu Art. 3 II lit. d), Art. 2 II, Art. 7 III UAbs. 3 PIF-Richtlinie.

15 S. im Überblick *Herrnfeld/Brodowski*, in: Herrnfeld/Esser (Fn. 3), § 5 Rn. 9.

16 S. die Mitteilung der Regierung der Bundesrepublik Deutschland an die Europäische Staatsanwaltschaft vom 18. Juni 2021.

17 Gesetz zur Stärkung des Schutzes der finanziellen Interessen der Europäischen Union (EU-Finanzschutzstärkungsgesetz – EUFinSchStG) vom 19. Juni 2019, BGBl. I S. 844.

Art. 30 I EUStA-VO enthält eine Liste der Maßnahmen, die den DEStA zur Verfügung zu stellen sind. Zu beachten ist dabei, dass es sich um Begriffe des Europäischen Rechts handelt, die autonom auszulegen sind. Daher können die Maßnahmen nicht ohne weiteres mit den gleichlautenden Maßnahmen in der deutschen StPO gleichgesetzt werden. Vielmehr ist im Einzelnen unabhängig vom deutschen Recht anhand von Auslegung zu ermitteln, welche Art von Maßnahmen im EU-Recht gemeint sind. In Zweifelsfällen entscheidet der EuGH. Im Folgenden sollen die in der Verordnung genannten Ermittlungsmaßnahmen näher erläutert werden, wobei die Vermögensabschöpfung (lit. d)) hier außen vor bleibt.

2. *Durchsuchung (lit. a)*

Gem. Art. 30 I lit. a) EUStA-VO stehen den DEStA folgende Rechte zu: „Durchsuchung von Gebäuden, Grundstücken, Beförderungsmitteln, Privatwohnungen, Kleidungsstücken und sonstigen persönlichen Gegenständen oder Computersystemen sowie Durchführung von Sicherungsmaßnahmen, um die Integrität zu erhalten oder einen Beweisverlust oder eine Beweisbeeinträchtigung zu verhindern [...]". Mit „Durchsuchung" ist die Suche nach den näher bezeichneten Sachen gemeint, wie sich etwa aus der englischen Sprachfassung „search" ergibt. Damit entspricht diese Maßnahme der deutschen Durchsuchung. Die Durchsuchung von Gebäuden und anderen Sachen ist in der deutschen StPO in §§ 102 ff. StPO geregelt. Die Vorschriften differenzieren zwischen Durchsuchungen beim Beschuldigten und bei anderen Personen, was in der EUStA-VO zwar nicht angelegt, aber im nationalen Recht zulässig ist. Die nach deutschem Recht grds. notwendige richterliche Anordnung zählt zu „Verfahren und Modalitäten" und ist daher gem. Art. 30 V 2 EUStA-VO mit europäischem Recht vereinbar. Die Durchsuchung der Person ist von Art. 30 I lit. a) EUStA-VO nicht erfasst.[18] Die DEStA können entsprechende Maßnahmen in Deutschland daher nur auf Art. 30 IV EUStA-VO iVm §§ 102, 103 StPO stützen.

Art. 30 I lit. a) EUStA-VO erfasst auch die Durchsuchung von „Computersystemen". Da im deutschen Recht der verdeckte Zugriff auf Computersysteme als „Online-Durchsuchung" bezeichnet wird (§ 100b StPO), stellt sich die Frage, ob auch solche Maßnahmen von lit. a) erfasst werden oder ob es nur um die Durchsicht von Computersystemen, also zB Smartpho-

---

18 HBB/*Brodowski* (Fn. 8), Art. 30 Rn. 10.

nes oder Laptops, geht, auf die man physischen Zugriff hat.[19] Der Wortlaut der deutschen Sprachfassung lässt beide Deutungen zu. Die englische, französische und italienische Fassung verwenden einen entsprechenden Ausdruck. In der spanischen Fassung wird nicht das Fachwort für die Durchsuchung von Sachen („registro“), sondern der neutralere Ausdruck „inspeccionar“ verwendet. Dieser würde allerdings für beide Formen des Zugriffs passen. Insoweit bleibt der Wortlaut auch in anderen Sprachfassungen zweideutig. Die Erwägungsgründe geben keinen Aufschluss über Details zu den Ermittlungsmaßnahmen. Auch die Historie der Verordnung ist unergiebig, da dieser Teil der Formulierung so bereits im ursprünglichen Kommissionsentwurf enthalten war.[20] Aufschlussreicher ist hingegen die Systematik des Art. 30 EUStA-VO. Art. 30 III EUStA-VO erlaubt bei den Maßnahmen in Absatz 1 lit. c), e) und f) zusätzliche Beschränkungen, also solche, die über das in Absatz 2 bei allen Maßnahmen Erlaubte hinausgehen. Dabei handelt es sich um Maßnahmen, die einen Bezug zur Technologie aufweisen, nämlich die Herausgabe von Computerdaten (lit. c)), die Überwachung elektronischer Kommunikation (lit. e)) und die Verfolgung und Ortung von Gegenständen mit technischen Mitteln (lit. f)). Letztere sind zudem die einzigen verdeckten Maßnahmen im Katalog des Art. 30 I EUStA-VO. Bei diesen Maßnahmen sieht der EU-Gesetzgeber ein Bedürfnis, ein höheres Schutzniveau im nationalen Recht zu gestatten. Eine Online-Durchsuchung ist jedoch mindestens genauso eingriffsintensiv, weil sie ebenfalls verdeckt stattfindet, den Zugriff auf alle Computerdaten ermöglicht und auch eine Überwachung der (künftigen) elektronischen Kommunikation ermöglicht. Es wäre daher naheliegend, wenn auch bei einer solchen Maßnahme weitere Beschränkungen nach Maßgabe des Art. 30 III EUStA-VO zulässig wären. Aus der Tatsache, dass solche Beschränkungen bei lit. a) nicht zulässig sind, lässt sich somit schließen, dass mit der „Durchsuchung von Computersystemen“ nur die Durchsuchung von Systemen gemeint ist, auf die physischer Zugriff besteht, nicht aber die verdeckte Durchsuchung.

19 Gegen die Einbeziehung der Online-Durchsuchung HBB/*Brodowski* (Fn. 8), Art. 30 Rn. 10.

20 COM/2013/0534 final.

3. Sicherungsmaßnahmen (lit. a))

Art. 30 I lit. a) EUStA-VO erfasst außerdem die „Durchführung von Sicherungsmaßnahmen, um die Integrität zu erhalten oder einen Beweisverlust oder eine Beweisbeeinträchtigung zu verhindern". Gemeint ist, wie sich zB aus der englischen, französischen und dänischen Sprachfassung ergibt, die Integrität der durchsuchten Gegenstände, also deren Bestand. Aus dem Zusammenhang zur Durchsuchung ergibt sich außerdem, dass es um einen Beweisverlust oder eine Beweisbeeinträchtigung gehen muss, der oder die sich auf die bei der Durchsuchung gefundenen Gegenstände bezieht.

Im deutschen Recht sind die wesentlichen Sicherungsmaßnahmen in diesem Kontext die Sicherstellung (§ 94 I StPO) und Beschlagnahme (§ 94 II StPO).[21] Diese unterscheiden sich dadurch, dass bei der Sicherstellung entweder kein Gewahrsam an dem Gegenstand besteht oder dieser freiwillig herausgegeben wird. Gegenstände, die sich im Gewahrsam einer Person befinden und nicht freiwillig herausgegeben werden, müssen gem. § 94 II StPO beschlagnahmt werden. Die Unterscheidung ist wichtig, weil für die Beschlagnahme grds. eine richterliche Anordnung erforderlich ist (§ 98 I StPO) und nur insoweit das Beschlagnahmeverbot des § 97 StPO reicht, während eine Sicherstellung weniger Beschränkungen unterliegt.

4. Herausgabe von relevanten Gegenständen und Schriftstücken (lit. b))

Gem. Art. 30 I lit. b) EUStA-VO müssen die DEStA das Recht haben, die Herausgabe von Gegenständen und Schriftstücken zu erwirken, wobei Schriftstücke ebenfalls Gegenstände sind, wegen der großen praktischen Bedeutung aber gesondert aufgeführt werden. Herausgabepflichten sind in EU-Bußgeldverfahren, dh im Europäischen Strafrecht iwS, schon seit längerem bekannt. So kann zB die Europäische Zentralbank die Herausgabe von Unterlagen verlangen, um ihre Aufgaben zu erfüllen.[22] Gerade in Wirtschaftsstrafverfahren und im Finanzstrafrecht sind Unterlagen von immenser Bedeutung, weshalb es sinnvoll ist, den DEStA ein Recht zur An-

21 S. auch HBB/*Brodowski* (Fn. 8), Art. 30 Rn. 10. AA *Niedernhuber*, in: Herrnfeld/Esser (Fn. 3), § 7 Rn. 103, die die Beschlagnahme lit. b) zuordnet.

22 Art. 11 I lit. a) Verordnung (EU) Nr. 1024/2013 des Rates vom 15. Oktober 2013 zur Übertragung besonderer Aufgaben im Zusammenhang mit der Aufsicht über Kreditinstitute auf die Europäische Zentralbank, ABl. L 287, 63.

ordnung der Herausgabe zuzugestehen. Aus der Systematik des Gesetzes, nämlich dem Vergleich zu lit. c), ergibt sich, dass es in lit. b) um die Herausgabe körperlicher Gegenstände geht, während unkörperliche Gegenstände, dh insbesondere Daten, von lit. c) erfasst werden.[23] Dementsprechend sind andere Formen als die Ursprungsform va Kopien oder auf einem Datenträger enthaltene Scans.[24]

Im deutschen Recht ist die Herausgabe von Gegenständen in § 95 StPO geregelt. § 95 I StPO sieht, soweit eine Herausgabepflicht besteht, eine Pflicht zur Vorlage und Auslieferung vor. Im Fall der Auslieferung des Gegenstands wird dieser von den Strafverfolgungsbehörden in Gewahrsam genommen, was eine Beschlagnahme nach § 94 II StPO erfordert.[25] Denn ein Gegenstand, der in Erfüllung einer Herausgabepflicht gem. § 95 StPO an die Strafverfolgungsbehörden übergeben wird, wird nicht freiwillig herausgegeben, so dass die Voraussetzungen der Sicherstellung (§ 94 I StPO) nicht vorliegen.[26] Daher ist auch das Beschlagnahmeverbot des § 97 StPO in den Fällen des § 95 StPO anwendbar.[27] Eine solche Differenzierung zwischen Herausgabe und Ingewahrsamnahme kennt die EUStA-VO nicht. Vielmehr dürfte lit. b) nicht nur die Herausgabe als solche, sondern auch die Ingewahrsamnahme der herausgegebenen Gegenstände durch die Strafverfolgungsbehörden erfassen. Insoweit ist Herausgabepflicht weiter zu verstehen als in § 95 StPO.

5. Herausgabe von gespeicherten Computerdaten (lit. c))

Art. 30 I lit. c) EUStA-VO sieht ein Recht der DEStA vor, gespeicherte Computerdaten herauszuverlangen. Das Herausgabeverlangen kann sich auf verschlüsselte und entschlüsselte Daten beziehen, dh die DEStA müssen auch die Möglichkeit haben, die Entschlüsselung der Daten verlangen zu können.[28] Die Daten können dabei in ihrer ursprünglichen oder in

---

23 HBB/*Brodowski* (Fn. 8), Art. 30 Rn. 12; *Niedernhuber*, in: Herrnfeld/Esser (Fn. 3), § 7 Rn. 103.

24 S. HBB/*Brodowski* (Fn. 8), Art. 30 Rn. 12.

25 *A. Schneider*, Strafprozessuale Ermittlungsmaßnahmen und Zeugnisverweigerungsrechte, 2021, S. 611; *Tschacksch*, Die strafprozessuale Editionspflicht, 1988, S. 36.

26 *A. Schneider* (Fn. 25), S. 611.

27 So zutreffend *Jahn*, FS Roxin, 2011, Band 2, S. 1357 (1363 ff.).

28 HBB/*Brodowski* (Fn. 8), Art. 30 Rn. 14.

einer angegebenen anderen Form, etwa einem anderen Dateiformat, herausverlangt werden.[29]

Im deutschen Recht richtet sich das Verlangen zur Herausgabe von Daten im Strafprozess ebenfalls nach § 95 I StPO.[30] Dies gilt auch für Bankkontodaten.[31] Dabei ist es den Strafverfolgungsbehörden gestattet zu wählen, ob Daten als Ausdruck auf Papier oder elektronisch übermittelt werden sollen.[32] Für Verkehrsdaten und Bestandsdaten gibt es Spezialvorschriften in §§ 100g, 100j StPO.[33] Problematisch ist mit Blick auf das deutsche Recht allerdings die Regelung, dass Daten auch entschlüsselt herausverlangt werden können. Das deutsche Strafprozessrecht kennt keine allgemeine Vorschrift, nach der die Adressaten verpflichtet wären, Daten zu entschlüsseln.[34] Auch § 95 StPO begründet keine Entschlüsselungspflicht.[35] Gem. § 100a I 2 StPO ist zwar die sog. Quellen-Telekommunikationsüberwachung zulässig, bei der der Zugriff auf das Endgerät erfolgt, um die während des Kommunikationsvorgangs bestehende Verschlüsselung zu umgehen. Eine Entschlüsselungspflicht begründet aber auch § 100a I 2 StPO nicht.

Allerdings erlaubt § 100j I 3 StPO es den Strafverfolgungsbehörden auch, Auskunft über Passwörter oder andere Verschlüsselungsdaten zu erhalten. Seit Ende 2021 gilt dies nicht nur für die Zugangsdaten von klassischen Telekommunikationsanbietern wie Telekom, sondern auch für Over-the-Top-Dienstleister wie E-Mail-Provider oder Messenger-Dienste sowie Telemediendienste wie zB Social-Media-Plattformbetreiber.[36] Mit den Zugangsdaten können die Strafverfolgungsbehörden dann zB Informationen auf einem beschlagnahmten Handy auslesen (§§ 94, 119 StPO). Die Pflicht zur Herausgabe von Zugangsdaten oder Schlüsseln entspricht zwar

---

29 HBB/*Brodowski* (Fn. 8), Art. 30 Rn. 14.

30 S. etwa *Sieber/Brodowski*, in: Hoeren/Sieber/Holznagel (Hrsg.), Handbuch Multimedia-Recht, 46. Lfg. (Januar 2018), 19.3 Rn. 102 ff.

31 S. etwa *Bittmann*, NStZ 2001, 231 (231 ff.).

32 BGH BeckRS 2005, 797; LG Limburg a.d. Lahn NZWiSt 2019, 158 (159 f.).

33 S. auch BT-Drs. 19/17963, S. 27.

34 *Sieber/Brodowski*, in: Hoeren/Sieber/Holznagel (Fn. 30), 19.3 Rn. 108 ff.; *Warken*, NZWiSt 2017, 417 (420 f.). Anders wohl *Brodowski/Freiling*, Cyberkriminalität, Computerstrafrecht und die digitale Schattenwirtschaft, Forschungsforum Öffentliche Sicherheit, https://www.sicherheit-forschung.de/forschungsforum/schriftenreihe_neu/sr_v_v/SchriftenreiheSicherheit_04.pdf (21.12.2022), S. 134 f. für Herausgabeverlangen gegen nichtbeschuldigte Dritte.

35 *Grözinger*, in: Müller/Schlothauer/Knauer (Hrsg.), MAH Strafverteidigung, 3. Aufl. 2022, § 50 Rn. 248.

36 S. MüKo-StPO/*Rückert*, 2. Aufl. 2023, § 100j Rn. 16.

nicht ganz einer Entschlüsselungspflicht der Anbieter, kommt dem aber nahe und ist va in den Fällen hilfreich, in denen die Anbieter nur die Zugangsdaten oder Schlüssel haben, nicht jedoch selbst auf die Daten zugreifen können. Daher würde eine Pflicht zur Herausgabe von Zugangsdaten und Schlüsseln den Anforderungen von Art. 30 I lit. c) EUStA-VO wohl genügen. Die deutsche Regelung bleibt jedoch in mehrfacher Hinsicht hinter den Anforderungen der EUStA-VO zurück: Zum einen gibt es keine Pflicht, die Zugangsdaten unverschlüsselt herauszugeben. Oft liegen diese bei den Providern selbst nur verschlüsselt oder in Hashform vor und sind daher für die Strafverfolgungsbehörden in dieser Form nicht nutzbar.[37] Zum anderen ist die Abfrage von Zugangsdaten nur bei einem bestimmten Katalog von Straftaten zulässig (§ 100j I 3 StPO aE). Art. 30 III 2 EUStA-VO erlaubt eine Beschränkung auf bestimmte Straftaten allerdings nur in den Fällen des Art. 30 I lit. e) und lit. f) EUStA-VO, dh bei elektronischer Kommunikationsüberwachung und der Verfolgung und Ortung von Gegenständen, nicht in allen Fällen der Bestandsdatenauskunft. Das deutsche Recht ist somit insoweit defizitär.

6. *Überwachung elektronischer Kommunikation (lit. e))*

Art. 30 I lit. e) EUStA-VO sieht vor, dass die DEStA die Befugnis haben müssen, elektronische Kommunikation zu überwachen. Dabei sind alle denkbaren Kommunikationswege erfasst, die Vorschrift ist also technologieoffen.[38] Lit. e) bezieht sich nur auf die Kommunikation mit dem Beschuldigten. Allerdings ist die Maßnahme nicht auf den Telefonanschluss oder die E-Mail-Adresse des Beschuldigten beschränkt, sondern umfasst alle Kommunikationsmittel, die von diesem faktisch genutzt werden.[39] Aus der Beschränkung der Maßnahme auf ein- und ausgehende Kommunikation lässt sich schließen, dass lit. e) Maßnahmen erfasst, die die Kommunikation während des Übermittlungsvorgangs abfangen.[40] Der Zugriff auf gespeicherte Kommunikationsinhalte wie Chats und E-Mails unterfällt lit. a)

---

37 MüKo-StPO/*Rückert* (Fn. 36) § 100j Rn. 16 unter Verweis auf die Schwierigkeiten einer „Zurückberechnung“ von Hashwerten wie dargestellt in https://www.golem.de/news/nutzerdaten-wie-sicher-sind-gehashte-passwoerter-2004-148121.html (21.12.2022).

38 HBB/*Brodowski* (Fn. 8), Art. 30 Rn. 18.

39 *Niedernhuber*, in: Herrnfeld/Esser (Fn. 3), § 7 Rn. 107.

40 HBB/*Brodowski* (Fn. 8), Art. 30 Rn. 18; *Niedernhuber*, in: Herrnfeld/Esser (Fn. 3), § 7 Rn. 108.

und c). Dies gilt auch für die Quellen-Telekommunikationsüberwachung.[41]

Im deutschen Recht gewähren §§ 100a, 100g StPO den Zugriff auf elektronische Kommunikation, wobei ersterer die Inhalte, letzterer die Verkehrsdaten umfasst.[42] Beide Vorschriften enthalten Straftatenkataloge, dh sie setzen den Verdacht bestimmter Straftaten voraus, was gem. Art. 30 III EUStA-VO bei lit. e) zulässig ist. Auch die weiteren Beschränkungen, etwa die Notwendigkeit einer „Straftat von erheblicher Bedeutung", sind gem. Art. 30 III EUStA-VO grundsätzlich zulässig. § 100c StPO dient hingegen nicht der Umsetzung des Art. 30 I lit. e) EUStA-VO, weil es hierbei nicht um elektronische Kommunikation geht, sondern um persönliche.

7. *Verfolgung und Ortung von Gegenständen mit technischen Mitteln (lit. f))*

Als letzte Ermittlungsmaßnahme sieht lit. f) vor, dass die DEStA Gegenstände verfolgen und orten können müssen. Erfasst sind alle Gegenstände, wobei Warenlieferungen beispielhaft explizit genannt werden.[43] In der Praxis sind va mobilfunkbezogene Maßnahmen wie IMSI-Catcher oder Funkzellenabfragen oder die Ortung per GPS erfasst.[44] Art. 30 I lit. f) EUStA-VO gilt nur für die Ortung mit technischen Mitteln. Die Observation eines Verdächtigen durch natürliche Personen ohne technische Unterstützung fällt daher nicht darunter.

Im deutschen Strafprozessrecht gibt es entsprechende Ermittlungsmaßnahmen in §§ 100g, 100i, 100h und 163f StPO.[45] Dabei sieht § 100g StPO die stärksten Beschränkungen vor, weil hier ua ein Straftatenkatalog vorgesehen ist, der sich je nach Art der betroffenen Verkehrsdaten unterscheidet (vgl. § 100g I und II StPO). Art. 30 III EUStA-VO erlaubt jedoch sowohl weitergehende Beschränkungen als auch Straftatenkataloge, so dass lit. f) korrekt umgesetzt zu sein scheint.

---

41 HBB/*Brodowski* (Fn. 8), Art. 30 Rn. 18.
42 *Niedernhuber*, in: Herrnfeld/Esser (Fn. 3), § 7 Rn. 108.
43 HBB/*Brodowski* (Fn. 8), Art. 30 Rn. 20.
44 HBB/*Brodowski* (Fn. 8), Art. 30 Rn. 20.
45 *Niedernhuber*, in: Herrnfeld/Esser (Fn. 3), § 7 Rn. 109.

8. *Zwischenergebnis*

Das deutsche Strafprozessrecht sieht die meisten der in Art. 30 I EUStA-VO aufgelisteten Maßnahmen vor. Allerdings gibt es im deutschen Recht keine Möglichkeit, die Entschlüsselung von Daten zu verlangen. Soweit nach § 100j StPO Zugangsdaten von den Providern herausverlangt werden können, liegt schon deshalb keine adäquate Umsetzung von lit. c) vor, weil § 100j StPO einen Straftatenkatalog vorsieht, der nach der EUStA-VO nur bei lit. e) und lit. f), nicht aber bei lit. c) zulässig ist.

IV. Beschränkungen und Zeugnisverweigerungsrechte

Nach diesem Überblick über die Ermittlungsmaßnahmen soll im Folgenden ein Blick auf die im deutschen Strafprozessrecht vorgesehenen Beschränkungen geworfen werden. In den Fokus sollen dabei die Regelungen rücken, die Beschränkungen an Zeugnisverweigerungsrechte knüpfen. Es geht also nicht um Beschuldigtenrechte iSd Art. 41 EUStA-VO.[46]

1. *Zeugnisverweigerungsrechte als Beschränkungen für Ermittlungsmaßnahmen*

Das deutsche Strafprozessrecht gestattet Angehörigen (§ 52 StPO) und Berufsgeheimnisträgern (§ 53 StPO) sowie den an deren Berufstätigkeit mitwirkenden Personen (§ 53a StPO), das Zeugnis zu verweigern, wobei die jeweiligen Personengruppen im Gesetz abschließend aufgelistet sind. Die Zeugnisverweigerungsrechte als solche sind mit Blick auf die Tätigkeit der EUStA nicht zu beanstanden, weil die EUStA-VO keine Vorgaben zu Vernehmungen macht und daher gem. Art. 30 IV EUStA-VO die nationalen Regelungen Anwendung finden.

Relevanz erhalten die Zeugnisverweigerungsrechte allerdings dadurch, dass die Strafprozessordnung an vielen Stellen Beschränkungen von Ermittlungsmaßnahmen vorsieht, die akzessorisch an das Zeugnisverweigerungsrecht knüpfen.[47] Die inhaltlich zentralen Regelungen hierzu finden sich in §§ 81c III, 95 II 2, 97, 100d V, 100g IV und 160a StPO.[48] Zum Teil wird an

46 S. hierzu *Esser* in diesem Band.
47 S. den Überblick bei *A. Schneider* (Fn. 25), S. 22 ff.
48 *A. Schneider* (Fn. 25), S. 73.

anderer Stelle auf diese Vorschriften verwiesen.[49] Für den Maßnahmenkatalog des Art. 30 I EUStA-VO nicht relevant sind § 81c III StPO, der die körperliche Untersuchung Nichtbeschuldigter betrifft, und § 100d V StPO, der für die Online-Durchsuchung und Akustische Wohnraumüberwachung gilt, die beide nicht im Maßnahmenkatalog des Art. 30 I EUStA-VO enthalten sind. Alle anderen genannten Vorschriften sind für die der EUStA gem. Art. 30 I EUStA-VO zur Verfügung zu stellenden Maßnahmen von Bedeutung. Gem. § 95 II 2 StPO dürfen gegen Zeugnisverweigerungsberechtigte keine Zwangsmittel festgesetzt werden, was die Herausgabepflicht beschränkt. § 97 StPO enthält ein Beschlagnahmeverbot. § 100g IV StPO beschränkt die Möglichkeit, gem. § 100g II StPO Verkehrsdaten iSd § 176 TKG zu erheben: Soweit Berufsgeheimnisträger durch die Maßnahme betroffen sind, dh soweit es um deren Daten geht, ist die Maßnahme gem. § 100g VI StPO unzulässig.[50] § 160a StPO beschränkt wiederum als Generalklausel alle Ermittlungsmaßnahmen, wenn Berufsgeheimnisträger betroffen sind, wobei gem. § 160a V StPO die §§ 97, 100d V und 100g IV StPO unberührt bleiben sollen.[51]

2. *Vereinbarkeit mit Art. 30 III EUStA-VO*

Fraglich ist, ob die im deutschen Strafprozessrecht bestehenden Einschränkungen mit der EUStA-VO vereinbar sind. Gem. Art. 30 III EUStA-VO können für die in lit. c), e) und f) vorgesehenen Maßnahmen zusätzliche Bedingungen vorgesehen werden, was Beschränkungen einschließt. Lediglich Straftatenkataloge werden nur in den Fällen der lit. e) und f) erlaubt.[52] Die Beschränkungen werden nicht näher spezifiziert. Dem nationalen Gesetzgeber wird somit ein weiter Spielraum eingeräumt. Dieser wird allerdings begrenzt durch das EU-Primärrecht. So gebietet es zB das Äquivalenzprinzip, dass die Europäischen Staatsanwälte nicht größeren Beschränkungen unterworfen werden dürfen als nationale Staatsanwälte.[53] Aus dem Effektivitätsgrundsatz folgt, dass die Beschränkungen die Effektivität der

---

49 S. etwa §§ 101a I 1, 100a IV 3, 95 II 2 StPO für Verkehrsdaten und TKÜ, §§ 100j V 2, 95 II 2 StPO (Bestandsdaten); §§ 98a V, 95 II 2 StPO und 98b I 7, 97 StPO (Rasterfahndung).

50 *A. Schneider* (Fn. 25), S. 52 f.

51 Die Details hierzu sind str., s. näher *A. Schneider* (Fn. 25), S. 52 f. mwN.

52 HBB/*Brodowski* (Fn. 8), Art. 30 Rn. 24.

53 HBB/*Brodowski* (Fn. 8), Art. 30 Rn. 24.

Maßnahme nicht vollständig aufheben dürfen.[54] Auch die Grundrechtecharta ließe sich als Schranken-Schranke heranziehen, wenn Beschränkungen zB diskriminierend ausgestaltet wären. Umgekehrt können sich aus EU-Primär- und Sekundärrecht auch selbst Beschränkungen ergeben, die von der EUStA selbst dann zu berücksichtigen sind, wenn das nationale Recht sie nicht vorsieht. So garantiert beispielsweise Art. 4 RL 2013/48/EU die Vertraulichkeit der Kommunikation mit dem Verteidiger, was bedeutet, dass eine Überwachung dieser (elektronischen) Kommunikation unionsrechtswidrig wäre. Dies gilt gem. Art. 41 II lit. c) EUStA-VO auch in Verfahren der EUStA. Die EUStA dürfte daher selbst dann nicht auf elektronische Kommunikation mit dem Verteidiger zugreifen, wenn das anwendbare nationale Recht dies gestattete.

Vor diesem Hintergrund sind die Beschränkungen der in lit. c), e) und f) vorgesehenen Maßnahmen durch die zeugnisverweigerungsrechtsakzessorischen Vorschriften mit Art. 30 III EUStA-VO vereinbar. Die §§ 95 II 2, 100g IV, 160a StPO gelten gleichermaßen im deutschen Verfahren. Sie beeinträchtigen auch nicht die Effektivität der Maßnahme zu sehr, da nur ein kleiner Teil an Informationen dem Zugriff der Behörden entzogen wird. Dabei ist zu beachten, dass § 160a I StPO, der für alle Ermittlungsmaßnahmen gilt, nur Maßnahmen komplett verbietet, durch die Geistliche, Verteidiger, Rechtsanwälte und Abgeordnete betroffen sind. Für andere Berufsgeheimnisträger findet gem. § 160a II StPO eine Abwägung im Einzelfall statt, so dass die Maßnahme nicht grds. verboten ist. Zwar ist eine solche Abwägung auch eine Einschränkung iSd Art. 30 EUStA-VO, allerdings eine, die das Beweismittel nicht vollständig dem Zugriff der Strafverfolgungsbehörden entzieht.

3. *Vereinbarkeit mit Art. 30 II EUStA-VO*

Problematischer ist die Frage, ob die Beschränkungen durch die zeugnisverweigerungsrechtsakzessorischen Regelungen mit Art. 30 II EUStA-VO vereinbar sind. Relevant wird dies für die in lit. a) und b) genannten Maßnahmen, für die der großzügigere Maßstab des Art. 30 III EUStA-VO nicht gilt.

---

54 HBB/*Brodowski* (Fn. 8), Art. 30 Rn. 24.

a) *Akzessorietät zur Schweigepflicht*

Nach Art. 30 II EUStA-VO sind Beschränkungen der Ermittlungsmaßnahmen nur zulässig, „sofern das nationale Recht bestimmte Beschränkungen enthält, die für bestimmte Personen- oder Berufsgruppen, die rechtlich zur Geheimhaltung verpflichtet sind, gelten". Was der Unterschied zwischen „Personen-" und „Berufsgruppen" ist, wird in Art. 30 II EUStA-VO nicht erklärt. Vermutlich sollen mit „Berufsgruppen" die wichtigen Fälle berufsrechtlicher Verschwiegenheitspflichten erfasst werden, während andere Fälle, zB Geheimhaltungspflichten in der öffentlichen Verwaltung, vom Begriff der Personengruppen umfasst sind. Insoweit sind „Berufsgruppen" ein Spezialfall von „Personengruppen".[55] Art. 30 II EUStA-VO koppelt die Beschränkung an eine Geheimhaltungspflicht. Das bedeutet umgekehrt, dass ein Zeugnisverweigerungsrecht für sich genommen nicht ausreicht, um eine solche Beschränkung zu rechtfertigen, wenn es keine korrespondierende Schweigepflicht gibt.[56]

Diese Regelung führt im deutschen Recht zu Problemen. Für die in Art. 30 I lit. a) und b) EUStA-VO genannten Maßnahmen – Durchsuchung, Beschlagnahme, Herausgabepflicht – gelten die Beschränkungen der §§ 160a, 97, 95 II 2 StPO. § 95 II 2 StPO bezieht sich auf alle in §§ 52, 53 StPO genannten Zeugnisverweigerungsberechtigten. § 160a StPO gilt, wenn auch abgestuft, für alle in § 53 StPO aufgeführten Zeugnisverweigerungsberechtigten, nicht aber für die in § 52 StPO bezeichneten Angehörigen. § 97 StPO gilt im Ergebnis auch für alle Zeugnisverweigerungsberechtigten, bietet aber, je nachdem, wer betroffen ist, ein unterschiedliches Schutzniveau.[57] Somit finden sich Beschränkungen für alle Zeugnisverweigerungsberechtigten.

Nun ist es aber so, dass längst nicht alle Zeugnisverweigerungsberechtigten zur Geheimhaltung verpflichtet sind. Für manche Berufsgruppen wie Ärzte und Rechtsanwälte gibt es Schweigepflichten, für andere Personen wie Angehörige nicht.[58] Das Geflecht der Verschwiegenheitspflichten ist unübersichtlich und es gibt auch bestimmte themenbezogene Verschwiegenheitspflichten, etwa bei Verschlusssachen. Im Ergebnis lässt sich jedoch feststellen, dass Angehörige (§ 52 StPO), Abgeordnete (§ 53 I 1

---

55 HBB/*Brodowski* (Fn. 8), Art. 30 Rn. 22.

56 HBB/*Brodowski* (Fn. 8), Art. 30 Rn. 23; *Niedernhuber*, in: Herrnfeld/Esser (Fn. 3), § 7 Rn. 95.

57 Grundlegend etwa *Görtz-Leible*, Die Beschlagnahmeverbote des § 97 Abs. 1 StPO im Lichte der Zeugnisverweigerungsrechte, 2000.

58 S. dazu den Überblick bei *A. Schneider* (Fn. 25), S. 140 ff., 174 ff.

Nr. 4 StPO) und Journalisten (§ 53 I 1 Nr. 5 StPO) idR keine Schweigepflichten haben, alle anderen Zeugnisverweigerungsberechtigten schon, wenn man hierzu auch religiös begründete Verschwiegenheitspflichten zählt.[59] Mit Blick auf den Wortlaut des Art. 30 II EUStA-VO müssten danach Beschränkungen von Durchsuchung, Beschlagnahme und Herausgabepflichten, die für Angehörige, Abgeordnete und Journalisten gelten, eigentlich in Verfahren der EUStA unzulässig sein.[60] In der Konsequenz wäre das deutsche Recht weitgehend unionsrechtswidrig, was zu einem Vertragsverletzungsverfahren führen würde. Zudem läge auch ein Konflikt von Unionsrecht mit deutschem Verfassungsrecht vor, da das Beschlagnahmeverbot bei Abgeordneten auch in Art. 47 GG niedergelegt ist. Dieses Szenario setzt allerdings voraus, dass die Beschränkungen für Angehörige, Abgeordnete und Journalisten tatsächlich nicht mit der EUStA-VO vereinbar sind, was im Folgenden überprüft werden soll.

b) Geltung des Verschwiegenheitspflichterfordernisses für Personengruppen?

Zunächst stellt sich die Frage, ob Art. 30 II EUStA-VO tatsächlich so zu verstehen ist, dass nur Beschränkungen zu Gunsten schweigepflichtiger Personen- oder Berufsgruppen zulässig sind. Der Wortlaut der deutschen Fassung ist insoweit nicht ganz eindeutig, weil sich der Relativsatz „die rechtlich zur Geheimhaltung verpflichtet sind“ sowohl auf „Personen- und Berufsgruppen“ beziehen könnte als auch nur auf „Berufsgruppen“. Im letzteren Fall wären Beschränkungen gestattet, die für bestimmte Personengruppen gelten, sowie solche, die für Berufsgruppen gelten, die zur Geheimhaltung verpflichtet sind. Danach käme es nur bei den Berufsgruppen auf eine Verschwiegenheitspflicht an, nicht aber bei den sonstigen Personengruppen. Auch die anderen Sprachfassungen lassen überwiegend beide Deutungen zu, so etwa die englische („restrictions that apply with regard to certain categories of persons or professionals who are legally bound by an obligation of confidentiality”), französische (“des restrictions particulières qui s’appliquent à l’égard de certaines catégories de personnes ou de professionnels juridiquement tenus à une obligation de confidentialité”), italienische (“restrizioni specifiche che si applicano con riguardo a categorie specifiche di persone o di professionisti giuridicamente vincolati a un

59 Ausführlich *A. Schneider* (Fn. 25), S. 219 ff.

60 Das wären §§ 95 II 2 (in Teilen), 97 I Nr. 1 (Angehörige), 97 IV (Abgeordnete), 97 V (Journalisten), 160a I (Abgeordnete), 160a II (Journalisten) StPO.

obbligo di riservatezza") und dänische ("begrænsninger, som gælder med hensyn til bestemte kategorier af personer eller fagpersoner, som er juridisk bundet af et krav om fortrolighed") Fassung. Bei der französischen und italienischen Version scheint es zwar auf den ersten Blick so, als beziehe sich der Relativsatz nur auf die Berufsgruppen, weil der jeweilige Ausdruck für „Personengruppen" weiblichen Geschlechts ist, die „Berufsgruppen" aber männlich und das Partizip im Relativsatz auch die männliche (Plural-)Form hat („tenus", „vincolati"). Allerdings wird der männliche Plural in beiden Sprachen auch für gemischte Subjekte verwendet, so dass die männliche Form des Partizips auch dann verwendet würde, wenn sich der Relativsatz auf beide, Personen- und Berufsgruppen, bezieht.

Mehr Aufschluss gibt die spanische Fassung von Art. 30 II EUStA-VO: „ [...] restricciones específicas que se aplican respecto de determinadas categorías de personas o profesionales que están sometidas a una obligación de confidencialidad jurídicamente vinculante." Danach gelten Beschränkungen für Kategorien von Personen oder Fachleuten, die einer Geheimhaltungspflicht unterworfen sind. Wie im Französischen und Italienischen hat der Ausdruck „personas" ein weibliches Geschlecht, der Ausdruck „profesionales" ein männliches. Das Partizip im Relativsatz („sometidas") steht aber in der weiblichen Form und kann sich damit nicht nur auf „profesionales" beziehen. Vielmehr ist das Bezugsobjekt die Kategorie von Personen und Fachleuten („categorías"). Damit ergibt sich aus der spanischen Fassung eindeutig, dass sowohl die Personen- als auch die Berufsgruppen eine Verschwiegenheitspflicht haben müssen.

Diese Deutung überzeugt auch deshalb, weil sie auch in den anderen Sprachfassungen näherliegt. Die oben skizzierte andere Interpretationsmöglichkeit hätte man, wäre sie gewollt gewesen, im Text eindeutig darstellen können, um Unsicherheiten zu vermeiden. Aus der Tatsache, dass dies in keiner der untersuchten Sprachfassungen geschehen ist, lässt sich schließen, dass ein entsprechendes Bedürfnis nicht gesehen wurde, weil dieses Ergebnis – Zulässigkeit von Beschränkungen auch für Personengruppen ohne Verschwiegenheitspflicht – nicht gewünscht war.

c) Geltung von Art. 30 II EUStA-VO für nichtschweigepflichtige Zeugnisverweigerungsberechtigte?

Des Weiteren stellt sich die Frage, ob die Regelung in Art. 30 II EUStA-VO für die in lit. a) und b) aufgeführten Maßnahmen abschließend ist, also darüber hinausgehende Beschränkungen verboten sind, oder ob sie lediglich für schweigepflichtige Personen eine abschließende Regelung enthält. Im letzteren Fall könnte man die Auffassung vertreten, dass Beschränkungen zu Gunsten nichtschweigepflichtiger Personen in der Verordnung gar nicht geregelt wären, was gem. Art. 5 III 2 EUStA-VO dazu führen würde, dass für diese Frage nationales Recht maßgeblich wäre.

Gegen eine solche Deutung spricht allerdings die Systematik des Art. 30 EUStA-VO. Aus Art. 30 III EUStA-VO ergibt sich, dass nur bei den in Art. 30 I lit. c), e) und f) EUStA-VO aufgeführten Maßnahmen weitergehende Beschränkungen zulässig sind. Umgekehrt folgt daraus, dass bei lit. a) und b) nur die in Absatz 2 gestatteten Beschränkungen erlaubt sind. Würde man Art. 30 II EUStA-VO so lesen, dass er nur die Berücksichtigung schweigepflichtiger Personen regelt und alle anderen denkbaren Beschränkungen von Ermittlungsmaßnahmen in der Verordnung gar nicht geregelt wären, wäre nicht nur Art. 30 III EUStA-VO weitgehend überflüssig, sondern auch Art. 41 EUStA-VO. Und auch Art. 30 II EUStA-VO hätte dann keinen sinnvollen Anwendungsbereich mehr, weil er nur festlegt, dass Beschränkungen zur Berücksichtigung schweigepflichtiger Personengruppen zulässig sind. Dieses Ergebnis hätte aber auch durch eine simple Nichtregelung der Frage erreicht werden können. Die Regelung in Art. 30 II EUStA-VO ergibt daher nur dann einen Sinn, wenn sie so verstanden wird, dass *ausschließlich* aus diesem Grund Beschränkungen der Maßnahmen in lit. a) und b) zulässig sind. Das ist, soweit ersichtlich, auch die einhellige Ansicht in der Literatur.[61]

d) *Zeugnisverweigerungsrechte als Regelung von Verfahren und Modalitäten?*

Während die Beschränkungen in Art. 30 II, III EUStA-VO abschließend normiert sind, richten sich die Verfahren und Modalitäten für die Durchführung der Maßnahmen gem. Art. 30 V 2 EUStA-VO nach nationalem Recht. Zeugnisverweigerungsrechtsakzessorische Maßnahmen, die nicht unter Art. 30 II EUStA-VO fallen, wären daher auch dann zulässig, wenn es sich um Verfahren und Modalitäten handelt. Kennzeichnend für solche Regelungen ist, dass sie die Art und Weise der Durchführung beschreiben, nicht jedoch die materielle Zulässigkeit der Maßnahme beschränken. Unter Beachtung der Verfahrensregeln muss die Maßnahme daher rechtlich zulässig sein. Eine nationale Regelung, die Ermittlungsmaßnahmen gegenüber bestimmten Personen komplett ausschließt, betrifft jedoch nicht nur

61 HBB/*Brodowski* (Fn. 8), Art. 30 Rn. 23; *Niedernhuber*, in: Herrnfeld/Esser (Fn. 3), § 7 Rn. 97.

die Art und Weise der Durchführung, sondern die materielle Zulässigkeit. Es handelt sich daher bei einem Beschlagnahmeverbot (§ 97 StPO) oder einer Ermittlungsbeschränkung iSd § 160a StPO nicht um eine Regelung von Verfahren und Modalitäten, sondern um eine Beschränkung der Maßnahme iSd Art. 30 II, III EUStA-VO.

Allenfalls könnte man überlegen, ob die Regelung in § 95 II 2 StPO als Verfahrensregelung zu klassifizieren ist. § 95 I StPO statuiert eine Herausgabepflicht, die gem. § 95 II 1 StPO mit Ordnungs- und Zwangsmitteln vollstreckt werden kann. Bei Zeugnisverweigerungsberechtigten ist die Festsetzung dieser Ordnungs- und Zwangsmittel allerdings nicht zulässig. Insoweit könnte man vertreten, dass hier nicht die Maßnahme als solche beschränkt wird, sondern lediglich die Vollstreckbarkeit der Maßnahme eingeschränkt wird und es sich dabei um eine Modalitäts- und Verfahrensregelung handelt. Im deutschen Recht ist allerdings umstritten, ob § 95 II 2 StPO lediglich eine Vollstreckung verhindert oder bereits die Herausgabepflicht als solche beschränkt.[62] Nimmt man letzteres an, wofür mit Blick auf die Parallele zum Zeugnisverweigerungsrecht einiges spricht,[63] liegt auch hier eine Beschränkung vor, die an Art. 30 II EUStA-VO zu messen wäre, und keine Verfahrensregelung.

e) *Vorrang von Vorrechten und Befreiungen*

Art. 30 II EUStA-VO räumt allerdings der Regelung des Art. 29 EUStA-VO Vorrang ein. Damit kommt die Vorschrift erst dann zum Tragen, wenn eine Befreiung nach Art. 29 EUStA-VO erfolgt ist, da erst dann Ermittlungen gegen den Beschuldigten aufgenommen werden können. Als Vorrechte und Befreiungen im Sinne der Verordnung sind Fälle der parlamentarischen und diplomatischen Immunität anzusehen.[64] So genießen zB Abgeordnete des EU-Parlaments Indemnität und (eingeschränkte) Immunität.[65]

---

62 Für das Bestehen der Herausgabepflicht: OLG Celle NJW 1963, 406 (407); MüKo-StPO/*Hauschild* (Fn. 36), § 95 Rn. 20; wohl auch BeckOK-StPO/*Gerhold*, 45. Edition (Stand: 1.10.2022), § 95 Rn. 6; dagegen: *Eckstein*, Ermittlungen zu Lasten Dritter, 2013, S. 121; *Jahn*, FS Roxin (Fn. 27), S. 1357 (1360 ff.); *Lemcke*, Die Sicherstellung gem. § 94 StPO und deren Förderung durch die Inpflichtnahme Dritter als Mittel des Zugriffs auf elektronisch gespeicherte Daten, 1995, S. 262 ff.; *Petry*, Beweisverbote im Strafprozess, 1971, S. 54 Fn. 75; *Tschacksch* (Fn. 25), S. 80 f.

63 Näher *A. Schneider* (Fn. 25), S. 558 f. mwN.

64 *Niedernhuber*, in: Herrnfeld/Esser (Fn. 3), § 7 Rn. 84.

65 Art. 29 II EUStA-VO unter Verweis auf Art. 8, 9 Protokoll über die Vorrechte und Befreiungen der Europäischen Union, ABl. 2004 C 310/261.

Dies gilt auch für Abgeordnete des Bundestags (Art. 29 I EUStA-VO iVm Art. 46 GG).

Allerdings bezieht sich die Immunität in solchen Fällen typischerweise auf die Verfolgung des Abgeordneten als Beschuldigten. Als Zeuge genießt der Abgeordnete nach deutschem Recht keine Immunität. Es ist daher zweifelhaft, ob Zeugnisverweigerungsrechte und Beschlagnahmeverbote von Abgeordneten – und anderen Zeugnisverweigerungsberechtigten – als Vorrechte und Befreiungen anzusehen sind.[66] Die Schwierigkeit beruht darauf, dass Art. 29 EUStA-VO voraussetzt, dass die Ermittlungen die Personen betreffen, aber nicht klarstellt, ob damit nur Ermittlungen gegen diese Personen gemeint sind. Auch wird an anderer Stelle im Unionsrecht der Begriff „Vorrechte und Befreiungen" als Synonym für Zeugnisverweigerungsrechte verwendet.[67] Wäre das hier ebenso, wäre die Regelung des Art. 30 II EUStA-VO allerdings überflüssig, da die Berücksichtigung von Schweigepflichten dann über Art. 29 EUStA-VO erfolgen könnte. Im Ergebnis spricht daher einiges dafür, Art. 29 EUStA-VO auf Fälle zu beschränken, in denen die betroffene Person Beschuldigte ist, und die Zeugnisverweigerungsrechte den Regelungen des Art. 30 II-IV EUStA-VO zu unterwerfen.[68] Damit lassen sich die §§ 95 II 2, 97 und 160a StPO nicht über Art. 29 EUStA-VO rechtfertigen.

4. *Legitimation der Einschränkungen durch EU-Primärrecht*

Da die Verordnung somit keine Möglichkeit bietet, Beschränkungen von den in lit. a) und b) genannten Maßnahmen gegenüber nichtschweigepflichtigen Personen vorzunehmen, bleibt als letztes die Frage, ob sich entsprechende Beschränkungen aus (höherrangigem) EU-Recht ergeben. Dabei zeigt ein Blick in das EU-Sekundärrecht, dass sich darin kaum Regelungen zu Angehörigen, Abgeordneten und Journalisten finden, sondern va zu Berufsgeheimnisträgern, die zur Verschwiegenheit verpflichtet sind.[69] Ein Beispiel ist etwa der bereits angesprochene Art. 4 RL 2013/48/EU, der die Kommunikation mit dem Verteidiger schützt. Das ist auch nachvoll-

66 Ablehnend *Niedernhuber*, in: Herrnfeld/Esser (Fn. 3), § 7 Rn. 84.
67 In Art. 11 I lit. a) RL 2014/41/EU, s. hierzu *A. Schneider* (Fn. 25), S. 407; *Böse*, ZIS 2014, 152 (156); *F. Zimmermann*, ZStW 127 (2015), 143 (153).
68 Ebenso *Niedernhuber*, in: Herrnfeld/Esser (Fn. 3), § 7 Rn. 84.
69 *A. Schneider* (Fn. 25), S. 438.

ziehbar, weil bei Delikten zum Schutz der finanziellen Interessen der EU relevante Beweismittel oft bei Berufsgeheimnisträgern zu finden sind.[70]

Für die Legitimation von Beschränkungen von Maßnahmen bei Betroffenheit nichtschweigepflichtiger Zeugnisverweigerungsberechtigter muss daher auf das EU-Primärrecht zurückgegriffen werden. Von besonderer Bedeutung ist in diesem Zusammenhang die Charta der Grundrechte der Europäischen Union (GRC).[71] Diese ist gem. Art. 51 I GRC auf die Tätigkeit der EUStA unmittelbar anwendbar. Dabei orientiert sich die Auslegung der Rechte aus der Grundrechtecharta an der Europäischen Menschenrechtskonvention (Art. 52 III GRC).

a) Journalisten

Die Rechte von Journalisten können sich auf die Pressefreiheit stützen, die in Art. 11 GRC niedergelegt ist. Die Erläuterungen verweisen hierzu auf Art. 10 EMRK.[72] Nach der Rechtsprechung des Europäischen Gerichtshofs für Menschenrechte genießt die Pressefreiheit und mit ihr insbesondere der journalistische Quellenschutz einen hohen Stellenwert.[73] Eine Rechtfertigung des Zugriffs auf das Material kommt nur dann in Betracht, wenn das nationale Recht besondere Schutzmaßnahmen vorsieht.[74] Daraus folgt umgekehrt, dass Schutzmaßnahmen wie das Vorsehen eines Beschlagnahmeverbots auf Art. 10 EMRK und damit auch auf Art. 11 GRC gestützt werden können. Entsprechende Beschränkungen der in Art. 30 I lit. a) und b) EUStA-VO genannten Ermittlungsmaßnahmen für Journalisten lassen sich somit über das EU-Primärrecht rechtfertigen.

b) Angehörige

Ein Schutz Angehöriger vor Durchsuchungen, Beschlagnahmen und Herausgabepflichten könnte sich aus dem Recht auf Achtung des Privat- und Familienlebens aus Art. 7 GRC ergeben. Anderweitig werden Rechte von

---

70 *A. Schneider* (Fn. 25), S. 439.

71 ABl. 2016 C 202/389.

72 Erläuterungen zur Charta der Grundrechte, ABl. 2007 C 303/21.

73 Exemplarisch EGMR (GK), Urt. v. 14.9.2010, 38224/03, Sanoma Uitgevers B.V. v. The Netherlands, Rn. 50, s. auch *A. Schneider* (Fn. 25), S. 384 ff.

74 EGMR (GK), Urt. v. 14.9.2010, 38224/03, Sanoma Uitgevers B.V. v. The Netherlands, Rn. 88.

Angehörigen im EU-Recht nicht anerkannt.[75] Nach den Erläuterungen zur Charta entspricht Art. 7 GRC dem Art. 8 EMRK, der ua den Schutz von Privatheit und Familie regelt.[76] Unter Familie fallen alle Personen, zwischen denen tatsächlich enge persönliche Beziehungen bestehen und die ihr Leben gemeinsam verbringen wollen.[77] Ein Indiz hierfür ist etwa eine gemeinsame Wohnung.[78] Auf eine Eheschließung kommt es nicht an.[79] Auch die Eltern-Kind-Beziehung wird geschützt.[80]

Strafprozessuale Ermittlungsmaßnahmen wie Durchsuchungen, Beschlagnahmen und Herausgabepflichten greifen in dieses Recht ein, allerdings können diese Eingriffe gerechtfertigt werden, wenn der Eingriff gesetzlich vorgesehen und in einer demokratischen Gesellschaft notwendig ist. Die EUStA-VO erfüllt die Anforderungen an eine gesetzliche Regelung grundsätzlich, allerdings stellt sich die Frage, inwieweit die sich aus Art. 30 EUStA-VO ergebende uneingeschränkte Möglichkeit zu Durchsuchungen, Beschlagnahmen und Herausgabepflichten in einer demokratischen Gesellschaft notwendig ist oder ob nicht Art. 8 EMRK die stärkere Berücksichtigung des Familienlebens auch bei solchen Maßnahmen gebietet. Der Gerichtshof räumt den Vertragsparteien grds. einen großen Ermessenspielraum ein, der umso größer ist, je uneinheitlicher die Regelungen in den einzelnen Staaten sind.[81] Bei besonders wichtigen, identitätsstiftenden Rechten bestehe hingegen nur ein geringer Ermessensspielraum.[82] Es wäre daher zu überprüfen, ob es unter den 46 Vertragsparteien einen Konsens darüber gibt, dass bestimmte Gegenstände wie zB Korrespondenz unter Angehörigen von Beschlagnahme und Herausgabepflichten befreit sind.[83] Das ist an dieser Stelle nicht zu leisten. Sollte es keinen Konsens geben, wäre zu fragen, ob das Recht, sich Angehörigen unbefangen anver-

---

75 *A. Schneider* (Fn. 25), S. 438; *Kremer*, Strafprozessuale Angehörigenprivilegien im Rechtsvergleich, S. 296 f.

76 Erläuterungen zur Charta der Grundrechte, ABl. 2007 C 303/20.

77 MüKo-StPO/*Gaede*, 2018, Art. 8 EMRK Rn. 14.

78 *Meyer-Ladewig/Nettesheim*, in: Meyer-Ladewig/Nettesheim/Raumer (Hrsg.), EMRK, 4. Aufl. 2017, Art. 8 Rn. 54.

79 *Meyer-Ladewig/Nettesheim*, in: Meyer-Ladewig/Nettesheim/Raumer (Fn. 78), Art. 8 Rn. 54.

80 *Meyer-Ladewig/Nettesheim*, in: Meyer-Ladewig/Nettesheim/Raumer (Fn. 78), Art. 8 Rn. 57.

81 EGMR (GK), Urt. v. 3.4.2012, 42857/05, van der Heijden v. The Netherlands, Rn. 55 ff.

82 EGMR (GK), Urt. v. 3.4.2012, 42857/05, van der Heijden v. The Netherlands, Rn. 59.

83 *A. Schneider* (Fn. 25), S. 364 f.

trauen zu können, so wichtig ist, dass ein entsprechender Schutz bei Beschlagnahme und Herausgabepflichten bestehen muss. Hier ist Skepsis angebracht, da eine Regelung, die zB verschriftlichte Kommunikation zwischen Eheleuten vollständig von der Beschlagnahme ausschließt, die Strafverfolgungsbehörden erheblich behindern und zugriffsfreie Räume für die Planung von Straftaten schaffen kann. Für invasivere Maßnahmen wie die Überwachung der elektronischen Kommunikation (lit. e)) sind Einschränkungen für zeugnisverweigerungsberechtigte Angehörige gem. Art. 30 III EUStA-VO unproblematisch möglich. Auch Regelungen zum Schutz des Kernbereichs privater Lebensgestaltung wie § 100d I StPO sind nach Art. 30 III EUStA-VO zulässig. Es erscheint daher mit der Menschenrechtskonvention vereinbar, keine Sonderregeln zum Schutz von Angehörigen bei Durchsuchungen, Beschlagnahmen und Herausgabepflichten vorzusehen.

Selbst wenn man dies anders sieht, könnten die Regelungen der §§ 95 II 2, 97 StPO nicht vollständig gerechtfertigt werden, da § 52 StPO viel mehr Personen ein Zeugnisverweigerungsrecht zugesteht als nach der EMRK zur von Art. 8 EMRK geschützten Familie zählen. Für Art. 8 EMRK ist ein faktischer Familienbegriff einschlägig, der auf eine tatsächliche enge Verbundenheit abstellt, die zum Beispiel durch einen gemeinsamen Wohnsitz zum Ausdruck kommt. Eine solche enge Verbundenheit dürfte va innerhalb der Kernfamilie vorhanden sein, wobei nach der EMRK die Formalisierung des Verhältnisses grundsätzlich keine Rolle spielt.[84] Definitiv nicht erfasst sind ehemalige Ehepartner und ehemalige Schwiegereltern, die gem. § 52 StPO aber ein Zeugnisverweigerungsrecht haben.

c) Abgeordnete

Für Abgeordnete findet sich kein geeignetes Recht in der Charta oder in der Europäischen Menschenrechtskonvention. Das liegt daran, dass beim Schutz von Abgeordneten nicht deren Individualinteresse, sondern das öffentliche Interesse an der Funktion im Vordergrund steht.[85] Das deutsche Recht gewährt den Abgeordneten das Recht, über das, was ihnen anvertraut wurde, und die Identität des Anvertrauenden zu schweigen (§ 53 I 1

84 Vgl. auch *K. Jansen*, Das Zeugnisverweigerungsrecht aus § 52 StPO für besondere persönliche Nähe- und Vertrauensverhältnisse, 2011, S. 251 ff.; *Weißer*, GA 2006, 148 (167), sowie den Regelungsvorschlag bei *A. Schneider* (Fn. 25), S. 723 f.

85 Näher dazu *A. Schneider* (Fn. 25), S. 657 ff.

Nr. 4 StPO). Insoweit darf auch eine Beschlagnahme nicht stattfinden (§ 97 IV StPO) und sind sonstige Ermittlungsmaßnahmen unzulässig (§ 160a I StPO). Über das Zeugnisverweigerungsrecht wird somit nur ein spezifischer Bereich der Mandatstätigkeit geschützt.

Die EUStA-VO verfolgt einen anderen Ansatz, indem sie zum einen den Vorrang nationaler Verschwiegenheitspflichten anordnet (Art. 30 II EUStA-VO), zum anderen Vorrechte und Befreiungen achtet und hierüber den Schutz öffentlicher Funktionsträger erreicht. So sind Durchsuchungen von Unionsgebäuden gem. Art. 1 S. 2 des Protokolls über Vorrechte und Befreiungen unzulässig, was auch Beschlagnahmen ausschließt. Eine entsprechende Befreiungsregelung für deutsche Parlamentsgebäude wäre gem. Art. 29 I EUStA-VO ebenfalls zulässig. Durch die Personalisierung des deutschen Beschlagnahmeverbots und die Akzessorietät zum Zeugnisverweigerungsrecht passt Art. 29 EUStA-VO nicht so recht für das deutsche Regelungsmodell, da nach deutschem Recht Abgeordnete mit Verteidigern und anderen Berufsgruppen auf eine Stufe gestellt werden.[86] Von der Funktion der Regelungen gedacht passt Art. 29 EUStA-VO hingegen deutlich besser für Abgeordnete als Art. 30 II EUStA-VO. Insoweit wäre zu überlegen, die in Deutschland geltenden Beschränkungen der Ermittlungsmaßnahmen bei Abgeordneten als Vorrechte und Befreiungen iSd Art. 29 EUStA-VO zu deuten und die darin enthaltenen Regelungen anzuwenden. Das Problem mit dieser Lösung besteht darin, dass es für Beschlagnahmen bei nichtbeschuldigten Abgeordneten im deutschen Recht kein Genehmigungsverfahren gibt, weil dies nicht als Fall der Immunität verstanden wird (vgl. Art. 46, 47 GG).

Alternativ könnte man einen gewissen Schutz für Abgeordnete aus anderen primärrechtlichen Vorschriften entnehmen. Gem. Art. 4 II EUV achtet die Union die nationale Identität der Mitgliedstaaten, die in ihren grundlegenden politischen und verfassungsmäßigen Strukturen zu Tage tritt. Hieraus folgt die Pflicht, nationale Mandatsträger zu respektieren. Über diesen Gedanken könnten Einschränkungen der Ermittlungsmaßnahmen der EUStA gerechtfertigt werden, die notwendig sind, um die politische Struktur der Mitgliedstaaten zu erhalten. Unklar bleibt allerdings, welche Beschränkungen danach hinzunehmen sind und welche noch

86 Von allen Zeugnisverweigerungsberechtigten werden Abgeordnete auch bei Ermittlungsmaßnahmen außerhalb der Vernehmung am stärksten geschützt, s. etwa §§ 97 IV, 160a I StPO.

nicht die politische Struktur der Mitgliedstaaten beeinträchtigen.[87] Hier herrscht noch erhebliche Rechtsunsicherheit.

V. *Ergebnis und Konsequenzen*

Die Analyse hat gezeigt, dass das deutsche Recht seiner Verpflichtung, jedenfalls die in Art. 30 I EUStA-VO genannten Maßnahmen vorzusehen, nicht vollständig nachgekommen ist. Erstens kennt das deutsche Recht im Widerspruch zu Art. 30 I lit. c) EUStA-VO keine Entschlüsselungspflicht für Daten. Die in § 100j StPO enthaltene Pflicht zur Herausgabe von Zugangscodes genügt schon deshalb nicht, weil hierfür ein gem. Art. 30 III EUStA-VO unzulässiger Straftatenkatalog heranzuziehen ist.

Zweitens sind die Beschränkungen von Durchsuchungen, Beschlagnahmen und Herausgabepflichten in §§ 95 II 2, 97, 160a StPO, die für die in Art. 30 I lit. a) und b) EUStA-VO genannten Maßnahmen gelten, zum Teil nicht mit Unionsrecht vereinbar. Da Art. 30 II EUStA-VO Beschränkungen nur für schweigepflichtige Personengruppen erlaubt, können Beschränkungen bei nichtschweigepflichtigen Personengruppen, dh va Angehörige, Abgeordnete und Journalisten, nur aus EU-Primärrecht folgen. Für Journalisten sind entsprechende Beschränkungen in Art. 11 GRC iVm Art. 10 EMRK anerkannt. Bei Angehörigen gilt zwar der Familienschutz aus Art. 7 GRC iVm Art. 8 EMRK, allerdings ist unklar, ob sich daraus ein Beschlagnahmeverbot und ein Verbot der Festsetzung von Zwangsgeldern trotz entgegenstehender unionsrechtlicher Regelung begründen lassen. Jedenfalls kann ein solcher Schutz allenfalls für die gelebte Kleinfamilie gelten, nicht für den gesamten in § 52 StPO genannten Personenkreis. Abgeordnete werden als parlamentarische Funktionsträger im EU-Recht geschützt, es ist aber völlig unklar, wie weit dieser Schutz reicht. Eine Lösung über Art. 29 EUStA-VO passt nicht zur Ausgestaltung der Regelung im deutschen Recht.

Was folgt daraus für Verfahren der EUStA in Deutschland? Soweit die nach Art. 30 I lit. c) EUStA-VO erforderliche Entschlüsselungspflicht nicht vorhanden ist, ist das deutsche Recht unionsrechtswidrig. Es ist aber nicht möglich, die Ermittlungsmaßnahme direkt auf die Verordnung zu stützen, weil diese nur vorsieht, dass das nationale Recht entsprechende Regelun-

87 S. hierzu den Vorschlag de lege ferenda für das deutsche Recht bei *A. Schneider* (Fn. 25), S. 732.

gen vorhalten muss. Gegen Deutschland könnte aber ein Vertragsverletzungsverfahren eingeleitet werden.

Soweit Beschränkungen im deutschen Recht nicht mit dem Unionsrecht vereinbar sind, greift der Anwendungsvorrang des Unionsrechts. Die §§ 95 II 2, 97, 160a StPO sind dann insoweit nicht anwendbar, so dass die Ermittlungsmaßnahmen in Verfahren der EUStA ggf. in weiterem Umfang zulässig sind als in rein nationalen Verfahren. Das ist eine Herausforderung für den Ermittlungsrichter und die Gerichte, die dann für den Erlass von richterlichen Anordnungen oder bei Beweisverwertungsverboten von gewohnten Grundsätzen abweichen müssen. In Zweifelsfällen entscheidet der EuGH über die Auslegung von Art. 30 EUStA-VO (Art. 42 II lit. b) EUStA-VO).

Es ist anzunehmen, dass in den nächsten Jahren vermehrt über die Ermittlungsmaßnahmen der EUStA gestritten werden wird. Die starke Verzahnung der EUStA mit nationalem Recht führt zu einer starken Rechtszersplitterung. Durch den weitgehenden Rückgriff auf nationales Recht und die nationale Infrastruktur wird zudem verschleiert, dass es sich um ein supranationales Verfahren handelt, das den Regeln des Unionsrechts und des EU-Grundrechtsschutzes unterfällt.[88] Wie wahrscheinlich ist es, dass ein deutsches Gericht § 97 StPO auf einmal nicht anwenden wird, weil das Beschlagnahmeverbot in Verfahren der EUStA wegen eines Verstoßes gegen Unionsrecht unanwendbar ist? Der Blick auf entsprechende Probleme im Kartellbußgeldverfahren lässt nichts Gutes erahnen.[89] Der steinige Weg der EUStA hat gerade erst begonnen.

---

88 Kritisch auch *Wade*, in: Rafaraci/Belfiore (Hrsg.), EU Criminal Justice, 2019, S. 165 (179).

89 S. LG Bonn NStZ 2007, 605 (607); LG Bonn BeckRS 2011, 20225.

Beweiserhebung und Beweisverwertung in EUStA-Verfahren – Dogmatische Probleme des Beweismitteltransfers

Ingeborg Zerbes[*]

I. Grundlegendes zur EUStA

1. Idee, Zuständigkeit, Struktur der EUStA

Das Ziel ist bekannt: Die strafrechtliche Untersuchung, Verfolgung und Anklageerhebung in Fällen sog „PIF"-Delikte – Betrug (iwS) zu Lasten der finanziellen Interessen der EU – soll nicht mehr (nur) in der Hand der Mitgliedstaaten liegen, sondern durch eine einheitliche, keinen Weisungen aus den Mitgliedstaaten unterworfene, supranational tätige Behörde der EU geleistet werden: durch die Europäische Staatsanwaltschaft („EUStA").

Nach einer langen Ideengeschichte[1] und der Einführung einer kompetenzrechtlichen Grundlage (Art. 86 AEUV) wurde sie im Zuge Verstärkter Zusammenarbeit durch eine Verordnung – kurz EUStA-VO[2] – realisiert und hat vor einem Jahr ihre Tätigkeit aufgenommen. Für das hier interessierende Thema – grenzüberschreitende Beweissammlung – genügt ein Überblick über die Struktur der EUStA:

---

* Ich danke meinem Mitarbeiter, Univ.-Ass. Mag. Lukas Emanuel Müller, Universität Wien, für seine tiefgehende Recherche und seine wertvollen Anmerkungen.
Der vorliegende Text stimmt weitgehend mit *Zerbes*, Grenzüberschreitende Beweiserhebung der Europäischen Staatsanwaltschaft – Supranationale Ermittlung nach nationalen Regeln, ÖJZ 2022/1, überein.

1 Erste Vorschläge wurden in der Idee eines „Corpus Juris", Art 18 ff., entwickelt: *Delmas-Marty (Hrsg.)*, Corpus Juris der strafrechtlichen Regelungen zum Schutz der finanziellen Interessen der Europäischen Union, 1998; Vorschlag für eine Verordnung des Rates über die Errichtung der Europäischen Staatsanwaltschaft, COM(2013) 534 final vom 17.7.2013.

2 VO (EU) 2017/1939 des Rates vom 12.10.2017 zur Durchführung einer Verstärkten Zusammenarbeit zur Errichtung der Europäischen Staatsanwaltschaft (EUStA), ABl. L 283, 1 vom 31.10.2017.

- An der Spitze der *zentralen Ebene* in Luxemburg steht die *Europäische Generalstaatsanwältin* mit zwei Vertretern;
- sie sitzt dem *Kollegium der Europäischen Staatsanwälte* vor, das die 22 Europäischen Staatsanwälte aus den Mitgliedstaaten der EUStA-VO bilden. Dieses Kollegium führt die allgemeine Aufsicht, entscheidet über Strategie und allgemeine Angelegenheiten, die sich aus Einzelfällen ergeben, hat aber keine Ermächtigung zu operativen Entscheidungen in Einzelfällen.
- Das Kollegium richtet die *Ständigen Kammern* ein – mittlerweile sind es 15 – die aus je drei Mitgliedern bestehen: Zwei Europäische Staatsanwälte, denen die Generalstaatsanwältin, einer ihrer Stellvertreter oder ein weiterer Europäischer Staatsanwalt vorsitzt. Die Ständigen Kammern überwachen und leiten die konkreten in den Mitgliedstaaten geführten Ermittlungsverfahren und haben ein Weisungsrecht in Einzelfällen.

Hier interessiert, dass die eigentliche Ermittlungsarbeit jedoch auf dezentraler Ebene stattfindet: durch die Delegierten Europäischen Staatsanwälte (im Folgenden „DEStA“) in den Mitgliedstaaten. Dazu im Folgenden.

2. *Konzept der Beweisermittlung*

a) *Ermittlung nach nationalem Recht*

Für die Verfahren in der Zuständigkeit der EUStA ließ sich nicht durchsetzen, eine (vollständige) *supra*nationale Verfahrensordnung zu schaffen, nach der die EUStA in allen Mitgliedstaaten nach den gleichen Regeln ermitteln könnte. Das wird teilweise zwar bedauert.[3] Eine solche „EU-StPO“ wäre, selbst wenn sie sich auf das Ermittlungsverfahren beschränken würde, im Hinblick auf Art. 82 AEUV zum einen wohl ein kompetenzrechtliches Problem – trotz der Kompetenz nach Art. 86 zur Schaffung der EUStA. Vor allem aber würde sie zu einer uneinheitlichen, wenn nicht sogar gleichheitswidrigen Strafverfolgung im jeweiligen Inland führen: In vergleichbaren Fällen würden unterschiedlichen Regeln für die Beweiserhebung gelten – je nachdem, ob die EUStA zuständig ist oder die nationale Staatsanwaltschaft. Und wenn ein Verfahren von der EUStA an die nationale Staatsanwaltschaft ausgeschieden wird oder umgekehrt, würden

3 Etwa von *Csuri*, ZWF 2018, 189 (193).

die Regeln wechseln und die Frage aufwerfen, ob und wie weitgehend die bisherigen Beweisergebnisse verwendbar wären.

Die DEStA ermitteln daher nach der nationalen Verfahrensordnung des Staates, in dem sie ernannt wurden. Jeder DEStA soll dabei sämtliche Befugnisse unter den gleichen Voraussetzungen und Grenzen haben wie die nationalen Staatsanwälte (Art. 13 I und Art. 30 IV EUStA-VO).

b) *Maßnahmenkatalog nach Art. 30 EUStA-VO*

Neben diesem grundsätzlichen Verweis auf die nationalen Regeln enthält die EUStA-VO in Art. 30 I einen einigermaßen breiten Katalog an Ermittlungsmaßnahmen, die der EUStA jedenfalls zur Verfügung stehen müssen, wenn die zugrundeliegende strafbare Handlung mit über vier Jahren Freiheitsstrafe bedroht ist. Sie sind dort im Wesentlichen nur *als solche* vorgesehen, während sich die „Verfahren und Modalitäten für die Durchführung dieser Maßnahmen ... nach dem geltenden nationalen Recht" richten (Art. 30 V EUStA-VO). Dazu gehören zB die Bindung an eine richterliche Bewilligung,[4] Anwesenheitsrechte oder Informationsrechte.

Aufgelistet sind „klassische"[5] Ermittlungs- und Sicherungsbefugnisse, im Einzelnen: Art. 30 I

- lit. a): Durchsuchung,
- lit. b): Erwirkung der Herausgabe von Gegenständen und Schriftstücken,
- lit. c): Erwirkung der Herausgabe und Entschlüsselung von Computerdaten einschließlich Bankkontodaten und Verkehrsdaten,
- lit. d): Sicherstellung von Tatwerkzeugen oder Erträgen aus Straftaten,
- lit. e): Überwachung der elektronischen Kommunikation;
- lit. f): Verfolgung und Ortung von Gegenständen mit technischen Mitteln.

In der deutschen StPO sind alle diese Ermittlungsmethoden vorgesehen, sprachlich freilich nach der hier gebräuchlichen Typisierung und Bezeichnung (als Durchsuchung, Sicherstellung und Beschlagnahme, als Telekommunikationsüberwachung, als Erhebung von Verkehrsdaten, als Bestands-

4 *Niedernhuber*, in: Herrnfeld/Esser (Hrsg.), Europäische Staatsanwaltschaft Handbuch, 2022, § 7 Rn. 97.
5 *Niedernhuber*, in: Herrnfeld/Esser (Fn. 4), § 7 Rn. 94.

datenauskunft etc).[6] Es war keine Ergänzung im Hinblick auf EUStA-Verfahren notwendig. Selbst bei diesen zentralen Befugnissen berücksichtigt die EUStA-VO nicht nur die nationalen Durchführungsregeln, sondern auch weitere Beschränkungen:

- Zum einen solche, „die für bestimmte Personen- oder Berufsgruppen [gelten], die rechtlich zur Geheimhaltung *verpflichtet* sind" (Art. 30 II EUStA-VO). Für Deutschland bedeutet das, dass die Beschlagnahmeverbote zu Gunsten von Berufsgeheimnisträgern (§§ 160a, 97, 148 dStPO) zwar weitgehend, aber nicht vollständig verordnungskonform sind. So sind Medienmitarbeiter zwar im Strafverfahren schweige*berechtigt* und daher vor Beschlagnahme geschützt, haben aber keine Schweige*pflicht.* Ebenso ist der Schutz schweigeberechtigter Angehöriger vor Beschlagnahme ihrer schriftlichen Kommunikation mit dem Beschuldigten mit keiner Schweige*pflicht* verbunden. Streng genommen steht dies der Verordnung entgegen.[7]
- Zum anderen darf jeder Mitgliedstaat
  - für die Überwachung der elektronischen Kommunikation (Art. 30 I lit. e) EUStA-VO)
  - und für die Verfolgung und Ortung von Gegenständen mit technischen Mitteln (Art. 30 I lit. f) EUStA-VO)

  weitere Grenzen vorsehen wie insbesondere die Bindung an eine Anlasstat bestimmter Mindestschwere oder bestimmter Art. Damit ist gedeckt, dass in Deutschland sämtliche Formen der Kommunikationsüberwachung an Katalogtaten (insbes. § 100a II dStPO) gebunden sind.[8]
- Ebenso darf die Erwirkung der Herausgabe und Entschlüsselung von Computerdaten einschließlich Bankkontodaten und Verkehrsdaten weiter eingeschränkt werden – nur nicht nach der Schwere der Anlasstat, wohl aber zB zum Schutz höchstpersönlicher Daten, zum Schutz des Schweigerechts des Beschuldigten oder naher Angehöriger. Inso-

---

6 Zuordnung der Ermittlungsmaßnahmen nach dStPO zur Liste nach Art. 30 I EUStA-VO bei *Niedernhuber*, in: Herrnfeld/Esser (Fn. 4), § 7 Rn. 102 ff.

7 Eingehend herausgearbeitet von *Schneider,* Die Zusammenarbeit der EUStA mit nationalen Ermittlungsbehörden, in diesem Band.

8 Im Einzelnen aufgeschlüsselt in der Mitteilung der Regierung der Bundesrepublik Deutschland an die Europäische Staatsanwaltschaft vom 18. Juni 2021 (https://www.eppo.europa.eu/sites/default/files/2021-11/12-DE.pdf, 19.8.2022).

fern lässt sich deren Schutz vor Beschlagnahme mit der EUStA-VO vereinbaren.[9]

Für Verfahren, in denen in nur einem Mitgliedstaat ermittelt wird, sind die bisher skizzierten Regelungen der EUStA-VO weitgehend unproblematisch: Der DEStA ermittelt dort wie seine Kollegen aus den nationalen Staatsanwaltschaften nach der nationalen Prozessordnung, zu der jedenfalls in Deutschland keine neuen Regeln eingeführt werden müssen.

Hier interessiert, dass nach strafbaren Handlungen zum Nachteil des EU-Haushalts die Beweise recht häufig nicht nur in *einem* Mitgliedstaat liegen. Auch das war ja eines der Motive, eine eigene *supra*nationale Ermittlungsbehörde zu schaffen: Sie soll einfacher und effizienter grenzüberschreitend tätig werden. Da die DEStA nach wie vor nur in ihrem eigenen Staat eingreifen dürfen, sind sie – in einem funktionalen Sinn – auf Rechtshilfe angewiesen: Die Erhebung der Beweise, die sie aus dem Ausland brauchen, kann nur der dort ansässige DEStA leisten bzw. leisten lassen. Zumindest in innerstaatlichen Fällen ermittelt auch dieser nach der Prozessordnung seines Staates; und damit treffen jedenfalls zwei nationale Prozessordnungen aufeinander:

- Welche hat in welcher Phase einer Ermittlungsmaßnahme Vorrang?
- Wie ist bei Konflikten vorzugehen?
- Welchen Regeln folgt die spätere Verwendung der erhobenen Beweise?

Dazu im Einzelnen wie folgt.

II. Grenzüberschreitende Beweisermittlung

1. Zwischenstaatliche Ermittlungen

a) Kollage aus lex fori und lex loci

Die grundsätzliche Regel (Art. 31 und 32 EUStA-VO) klingt ganz einfach:

- Der DEStA, der das Ermittlungsverfahren leitet – das ist in den Worten der Verordnung der *„betraute“* DEStA –, macht das, was Staatsanwälte in einem Ermittlungsverfahren eben zu tun haben: Nach der Rechtsordnung, in der er tätig ist, entscheidet er, welche Ermittlungsmaßnah-

9 *Niedernhuber*, in: Herrnfeld/Esser (Fn. 4), § 7 Rn. 96, 104; Herrnfeld/Brodowski/Burchard/*Brodowski*, EPPO, Art. 30 Rn. 15, 25.

men durchzuführen sind; er geht also in Deutschland nach §§ 48 ff. dStPO vor; was denn sonst, könnte man sagen. Soll eine Ermittlungsmaßnahme jedoch in einem anderen Mitgliedstaat durchgeführt werden, führt er diese Maßnahme nicht selbst durch und ordnet sie auch nicht der Kriminalpolizei an,

- sondern „weist" sie seinem Kollegen im betreffenden Staat „zu" (Art. 31 I EUStA-VO). Dieser fungiert dann als der *„unterstützende"* DEStA. Er soll dabei grundsätzlich so vorgehen, als hätte er sich selbst für die zugewiesene Maßnahme entschieden, und sorgt nach den Regeln *seiner* Rechtsordnung für die Vollstreckung: indem er sie selbst vornimmt oder der Kriminalpolizei anordnet.

Kurzum: Anordnung nach der *lex fori*, Vollstreckung nach der *lex loci*. Mit folgenden Konsequenzen:

- Der betraute DEStA darf *sämtliche* Maßnahmen, die ihm im Inland zur Verfügung stehen, auch zuweisen (Art. 31 II EUStA-VO):
  - „zumindest" die zentralen Maßnahmen nach Art. 30 I EUStA-VO unter Einhaltung der jeweils vorgesehenen Grenzen für Berufsgeheimnisträger und sonstigen Bindungen, soweit die EUStA-VO sie erlaubt (Art. 30 II und III);
  - außerdem *alle* sonstigen in der Prozessordnung seines Sitzstaates geregelten staatsanwaltschaftlichen Befugnisse (Art. 30 IV EUStA-VO).

  Er darf jedoch nichts anordnen, was in seiner Rechtsordnung nicht vorgesehen ist; zB könnte (nach derzeitiger Rechtslage) der österreichische DEStA keine Quellen-TKÜ im Ausland anordnen; er könnte auch keine Durchführungsmodalitäten anordnen, die in Österreich nicht geregelt sind.
- Der unterstützende DEStA muss seine Unterstützung so durchführen, wie das in seiner Rechtsordnung vorgesehen ist (Art. 32 EUStA-VO).[10] Also müsste er in Österreich zB bei einer Sicherstellung bei einem schweigerberechtigten Berufsgeheimnisträger das gerichtliche Sichtungsverfahren nach § 112 öStPO einleiten (dazu noch unten d), sämtliche Belehrungspflichten (für entschlagungsberechtigte Zeugen: § 159 öStPO) einhalten (lassen) und er dürfte nur solche Daten sichergestellter Datenträger kopieren und herstellen, wie im nationalen Recht vorgesehen. Jeder Streit um die Reichweite einer Ermittlungsmaßnahme wirkt daher auch auf Ermittlungen der EUStA.

---

10 „Doppelte Absicherung": *Niedernhuber*, in: Herrnfeld/Esser (Fn. 4), § 7 Rn. 130.

Das Ziel dieses insofern fragmentierten Ermittlungsverfahrens liegt auf der Hand: *kohärentes Vorgehen innerhalb* der zusammentreffenden Verfahrensordnungen. So soll die *Anordnung* der Befugnis nach dem *Forumsprinzip* bewirken, dass sich die Auslandsbeweise in das vom betrauten DEStA geführten Ermittlungsverfahren einfügen und später friktionslos verwendet und verwertet werden können. Die *Durchführung* nach dem *Locusprinzip* dient hingegen dazu, dass der unterstützende DEStA im Einklang mit der für ihn auch in innerstaatlichen Fällen bindenden Verfahrensordnung handelt. Er müsste sonst in vergleichbaren Fällen nach unterschiedlichen Regeln ermitteln, je nachdem, ob es sich um einen für ihn innerstaatlichen Fall handelt oder er Zuweisungen aus dem Ausland vollstreckt. Das würde zu einer aus Sicht seines Sitzstaates uneinheitlichen Verfolgung führen – zu einer „Binnenfriktion“[11]. Für die jeweils Betroffenen wären die Maßnahmen nicht nachvollziehbar, weil sie auf Einhaltung der demokratisch legitimierten Rechtsordnung des Staates vertrauen, in dem sie sich befinden.[12]

Kann das funktionieren? – Intuitiv fällt dazu ein, dass eine Anordnung die Durchführung einer Maßnahme ja vorzeichnet, jedenfalls hängen die beiden Akte zusammen. Schließlich wird gerade jener Vorgang angeordnet, der durchgeführt werden soll.[13] Widersprüche scheinen damit geradezu vorprogrammiert zu sein.

Das Modell, Anordnung und Durchführung aus verschiedenen Rechtsordnungen zu kombinieren, ist allerdings nicht neu: Wenn auch weniger deutlich formuliert, kommt es bereits bei einer Europäischen Ermittlungsanordnung (EEA) vor (Art. 6 I lit. b) und 9 I RL-EEA[14]). Denn die Anordnung kann nur nach der Rechtsordnung des Anordnungsstaates erfolgen. Auch im Rahmen der gegenseitigen Anerkennung soll ja „gerade keine Kompetenzerweiterung anordnungsstaatlicher Behörden in dem Sinne, dass nationale Vorschriften umgangen werden können, … geschaffen … [und] ‚Befugnis shopping‘ vermieden werden“.[15] Und vollstreckt wird auch eine EEA grundsätzlich nach der Rechtsordnung des Vollstreckungsstaates. Man hat sich also auch damals gegen ein striktes *forum regit actum* Prinzip entschieden.

11 *Gleß*, ZStW 2013, 573 (596).
12 *Gleß*, EuCLR 2011, 114 (117 f); *F. Zimmermann*, ZStW 2015, 143 (151).
13 *Zerbes*, ZIS 2015, 145 (149).
14 RL 2014/41/EU über die Europäische Ermittlungsanordnung in Strafsachen, ABl L 130, 1 vom 1.5.2014.
15 *Leonhardt*, Die Europäische Ermittlungsanordnung in Strafsachen, 2017, S. 34.

Je unterschiedlicher die Verfahrensordnungen sind, desto weniger passen diese beiden Phasen der Beweiserhebung zusammen und desto schwieriger wird es letzten Endes sein, die Auslandsbeweise im Forumstaat zu nutzen. Um dies zu erleichtern, aber die Prozessordnung des Staates, in dem die Maßnahme durchgeführt ist, zu schützen, versucht der EU-Gesetzgeber auf drei Ebenen einen Ausgleich:

- Einerseits zugunsten der *lex fori*, indem der betraute DEStA im Rahmen seiner Zuweisung „Formvorschriften und Verfahren" angeben kann, die der unterstützende DEStA weitgehend einhalten muss (dazu sogleich b).
- Andererseits wird in diesem Zusammenhang das Locusprinzip durch die Berücksichtigung eines *ordre public* geschützt (unten c.aa);
- zudem kann – oder sogar muss – der unterstützende DEStA aus bestimmten Gründen die Maßnahme zumindest vorerst unterlassen (unten c.bb).
- Zudem verweist eine ausdrückliche Bestimmung auf die nationalen Bestimmungen zum Richtervorbehalt (unten d).

b) Stärkung des Forumsprinzips

Die Anordnung, eine zugewiesene Maßnahme nach dem Locusprinzip zu vollstrecken, wird dadurch abgefedert, dass der betraute DEStA die Modalitäten der Durchführung durchaus gestalten kann. So greift die EUStA-VO auf eine in der Rechtshilfe innerhalb der EU bereits seit über 20 Jahren gebräuchliche Formulierung[16] zurück, die auch in der Richtlinie zur EEA übernommen wurde (Art. 9 II RL-EEA). Die Kernbegriffe werden wörtlich übernommen bzw. sinngemäß übertragen: „*Formvorschriften und Verfahren*, die vom betrauten Delegierten Europäischen Staatsanwalt ausdrücklich angegeben werden, *sind einzuhalten*, es sei denn, sie stehen im Widerspruch zu den wesentlichen Rechtsgrundsätzen des Mitgliedstaats des unterstützenden Delegierten Europäischen Staatsanwalts" (Art. 32 EUStA-VO).

Dieselbe Regel, nach der eine EEA zu vollstrecken ist – derselbe Hintergrund: Es geht darum, den Auslandsbeweis friktionslos dort verwenden zu können, wo das Verfahren anhängig ist. Überhaupt soll ein Beweis, der aus dem Ausland zugespielt wird, die Rechte des Beschuldigten nicht beein-

---

16 Art. 4 I Übereinkommen über die Rechtshilfe in Strafsachen zwischen den Mitgliedstaaten der Europäischen Union, ABl C 197/3 vom 12.7.2000.

trächtigen.[17] Daher darf der betraute DEStA keine Modalitäten angeben, die nach seinem Recht nicht vorgesehen sind; er darf die Beweiserhebung im Ausland nicht dazu benutzen, die für ihn geltenden Regeln zu umgehen.[18] Eine zulässige – wenn nicht sogar erforderliche – Angabe ist zB eine im Forumsstaat aussageverweigerungsberechtigte Person entsprechend zu belehren oder Unterlagen bestimmter Berufsgruppen, deren Geheimnisse im Forumstaat besonders geschützt sind, vorerst zu versiegeln.

Der unterstützende DEStA muss die angegeben Regeln grundsätzlich einhalten, auch wenn sie von seiner Rechtsordnung abweichen. Die Beachtung des Rechts, nach dem das Ermittlungsverfahren geführt und aus dem eine Zuweisung erfolgt, könnte einigermaßen weit gehen. Aber es gibt eine Grenze – dazu wie folgt.

c) *Stärkung des Locusprinzips*

aa) Nationaler *ordre public* Vorbehalt gegen Fremdrechtsanwendung

Die im Rahmen der Zuweisung angegeben Verfahrensmodalitäten sind (nur) dann nicht bindend, wenn sie im Widerspruch zu „wesentlichen Rechtsgrundsätzen" des Mitgliedstaates stehen, in dem der unterstützende DEStA die Maßnahme durchführt. Grenze der Fremdrechtsanwendung ist also ein nationaler *ordre public* Vorbehalt. Die Forderung, die Belehrung gegenüber einer aussageverweigerungsberechtigten Person zu unterlassen, der jedoch im Forumsstaat kein Aussageverweigerungsrecht zukommt, könnte ein solcher Fall sein. Ebenso würde es wesentliche Rechtsgrundsätze verletzten, bei der Beschuldigtenvernehmung keinen Verteidiger zuzulassen. Eine solche Forderung ist allerdings allenfalls aus Staaten, die die Richtlinie über den Zugang zu einem Rechtsbeistand[19] (noch) nicht umgesetzt haben, zu erwarten.

---

17 *Gleß*, ZStW 2013, 573 (575 ff); *F. Zimmermann*, ZStW 2015, 143 (150); *Zerbes*, ZIS 2015, 145 (148 ff).

18 *F. Zimmermann*, ZStW 2015, 143 (150).

19 Richtlinie (EU) 2013/48/EU des Europäischen Parlaments und des Rates vom 22.10.2013 über das Recht auf Zugang zu einem Rechtsbeistand in Strafverfahren und in Verfahren zur Vollstreckung des Europäischen Haftbefehls sowie über das Recht auf Benachrichtigung eines Dritten bei Freiheitsentzug und das Recht auf Kommunikation mit Dritten und mit Konsularbehörden während des Freiheitsentzug, ABl. L 294, 1 vom 6.11.2013.

Im Übrigen wird im Schrifttum vorgeschlagen, die Zulässigkeit, Verfahrensregeln des Forumstaates anzugeben, nach ihrem Sinn – Erleichterung der Beweisverwendung – eng auszulegen. Denn da Verwendungsverbote grundsätzlich dazu dienen, die Rechte der Betroffenen zu schützen, soll der betraute DEStA nur Vorgehensweisen zu deren Gunsten angeben dürfen, nicht aber solche, die sich belastend auswirken.[20] Beispiele für demnach ausgeschlossene Angaben sind kaum zu finden, da wesentliche Parameter für die Eingriffsintensität ja bereits in ihrer Anordnung selbst verankert sind wie etwa die Dauer einer Nachrichtenüberwachung oder die Reichweite einer Hausdurchsuchung oder einer Sicherstellung. Nicht zulässig wäre nach diesem Zugang aber zB die Angabe, dass eine Hausdurchsuchung geheim vorzunehmen oder auf Belehrungsrechte zu verzichten sei.

bb) Hindernisse der Durchführung

Der unterstützende DEStA hat nicht nur die eben skizzierte Möglichkeit, die zugewiesene Maßnahme ohne die angegebenen Vorgehensweisen durchzuführen: Mitunter muss er die *Durchführung* aufgrund der Bindungen seiner nationalen Rechtsordnung *vorerst* sogar *unterlassen*.

Eine solche Situation liegt unter anderem erstens dann vor, „wenn die zugewiesene Maßnahme nach dem Recht seines Mitgliedstaats *nicht existiert*“ (Art. 31 V lit. d) Hs. 1 EUStA-VO). Derartige Fälle werden eher selten sein. Ein Anwendungsbereich könnten die ständig neuen technischen Möglichkeiten der Überwachung sein, auf die nicht alle Mitgliedstaaten unverzüglich mit einem entsprechenden Ausbau strafrechtlicher Befugnisse reagieren. ZB darf in Österreich nach wie vor keine sog „Quellen-TKÜ“ eingesetzt werden, bei der verschlüsselte Nachrichten direkt am überwachten IT-Gerät entschlüsselt werden, und zwar durch eine entsprechende Überwachungssoftware – berühmt geworden unter der Bezeichnung „Staatstrojaner“. Die österreichischen DEStA dürften eine zugewiesene Quellen-TKÜ zumindest vorerst nicht vollstrecken.

In einem solchen Fall sieht die EUStA-VO vor, dass die betreffenden DEStA auf die „Rechtsinstrumente über gegenseitige Anerkennung oder grenzüberschreitende Zusammenarbeit“ ausweichen (Art. 31 VI EUStA-VO); gemeint ist vor allem eine EEA. Insbesondere die dort vorgesehenen Maßnahmen, die sich von vornherein auf grenzüberschreitende

20 *F. Zimmermann*, ZStW 2015, 143 (150).

Zusammenarbeit beziehen und daher typischerweise nicht in nationalen Rechtsordnungen verankert sind, kommen als Ergänzung zur EUStA-VO in Frage, zB eine grenzüberschreitende Videovernehmung (Art. 22) oder – außerhalb des Beweisrechts ieS – Überwachungsmaßnahmen (statt U-Haft) nach der EÜA[21].[22]

Zweitens führt der unterstützende DEStA die zugewiesene Maßnahme nicht ohne weiteres durch, wenn sie „in einem vergleichbaren *innerstaatlichen Fall nicht zur Verfügung stünde*" (Art. 31 V lit. d) Hs. 2 EUStA-VO). Welche Fälle sind davon erfasst? – Hier sind nicht die *Modalitäten*, sondern die Voraussetzungen für die *Zulässigkeit der Durchführung* entscheidend. Sie konkretisieren die Verhältnismäßigkeit und sind daher umso anspruchsvoller, je intensiver der Eingriff ist. Die EUStA-VO benennt sie zwar nicht im Einzelnen; sie ergeben sich aber naturgemäß aus einer innerstaatlichen Perspektive – konkret: aus der des unterstützenden DEStA. Zu diesen Zulässigkeitsvoraussetzungen eines Eingriffs gehört

- die Bindung an eine bestimmte Schwere oder bestimmte Art der *Anlasstat*,
- die Bindung an einen bestimmten *Verdachtsgrad*,
- die Bindung an einen bestimmten *Dringlichkeitsgrad* des Eingriffs für den Ermittlungserfolg,
- die Beschränkung auf einen bestimmten *Kreis Betroffener*, zB könnten insbesondere Überwachungsmaßnahmen nur gegenüber dem Beschuldigten und seinen mutmaßlichen Kontaktpersonen zulässig sein;
- das Verbot von Ermittlungsmaßnahmen gegenüber Vertretern bestimmter *schweigeberechtigter Berufsgruppen*, Stichwort: Anwaltsgeheimnis.

Fehlende Verfügbarkeit der Maßnahme iS der EUStA-VO (Art. 31 V Halbsatz 2) wird allerdings auf diese *spezifisch* für die betreffende Maßnahme geltenden Zulässigkeitsvorgaben beschränkt sein. Das ergibt sich aus der Anlehnung der Formulierung an die RL-EEA (Art. 10 I lit. b)), die ebenso eng zu verstehen ist, da sie ansonsten die taxative Aufzählung der sonsti-

---

21 Rahmenbeschluss (EU) 2009/829/JI des Rates über die Anwendung – zwischen den Mitgliedstaaten der Europäischen Union – des Grundsatzes der gegenseitigen Anerkennung auf Entscheidungen über Überwachungsmaßnahmen als Alternative zur Untersuchungshaft, ABl. L 294, 20 vom 11.11.2009.

22 Beispiele nach *Niedernhuber*, in: Herrnfeld/Esser (Fn. 4), § 7 Rn. 131, die noch auf weitere Beispiele hinweist.

gen Ablehnungsgründe für die Durchführung einer EEA unterläuft.[23] Das Doppelbestrafungsverbot – nach der RL-EEA im Übrigen ein explizit genannter Ablehnungsgrund – wird der unterstützende DEStA daher der Durchführung einer Maßnahme nicht entgegenhalten können. Dass er es dennoch beachten muss, ergibt sich freilich aus seiner Bindung an die Grundrechtecharta (Art. 5 II EUStA-VO).[24] Ebenso ist die Verjährung innerhalb seiner Rechtsordnung unbeachtlich.

Auch wenn die *gängigen* Eingriffe, die zugewiesen werden, wohl in jedem Mitgliedstaat vorgesehen sind, können die Bedingungen für ihre Zulässigkeit durchaus verschieden sein und somit die Durchführung einer Maßnahme vorerst bremsen.

cc) Konsultationsverfahren und zentrale Weisungsbefugnis

Was passiert nun, wenn der unterstützende DEStA vor einer der beiden zuletzt beschriebenen Situationen steht – wenn also in seinem Staat die Befugnis zur Durchführung der zugewiesenen Maßnahme

- überhaupt fehlt
- oder im betreffenden Fall nicht anwendbar wäre?

Er führt die Maßnahme zwar nicht gleich durch; er darf sie aber auch nicht ablehnen,[25] sondern hat vorerst nur die Pflicht, den betrauten DEStA zu informieren, sich mit ihm zu beraten und auf diesem Weg „die Angelegenheit in beiderseitigem Einvernehmen zu regeln“ (Art. 31 V letzter Halbsatz EUStA-VO). Für dieses *bilaterale Konsultationsverfahren* – noch auf der dezentralen Ebene – haben die beiden Staatsanwälte sieben Tage Zeit (Art. 31 VII EUStA-VO).

Wenn sie in dieser Frist *keine* Einigung erzielen, bleibt die Zuweisung dennoch aufrecht und löst eine *Weisungsbefugnis* auf der *zentralen Ebene* aus. Hierfür hört die *Ständige Kammer* die betroffenen DEStA an und entscheidet, ob und bis wann die strittige Maßnahme oder eine Ersatzmaßnahme durchzuführen ist (Art. 31 VII und VIII EUStA-VO). Das klingt nach einer Kompromisslösung, vor allem aber nach Rechtsunsicherheit. Nach welchen *rechtlichen* Parametern soll die Kammer entscheiden? Es feh-

---

23 *F. Zimmermann*, in: Böse (Hrsg.), Enzyklopädie Europarecht, Band 11 – Europäisches Strafrecht, 2. Aufl. 2021, § 16 Rn. 53 und 62.

24 *F. Zimmermann*, in: Böse (Fn. 23), § 16 Rn. 63.

25 *Niedernhuber*, in: Herrnfeld/Esser (Fn. 4), § 7 Rn. 155.

len die Vorgaben, bis zu welcher Grenze sie sich über die Rechtsordnung des Staates, in dem der Eingriff stattfinden soll, hinwegsetzen darf.

d) Nachträgliches rechtliches Gehör – Forums- oder Locusprinzip?

Anordnung und Durchführung sind im Übrigen nur die beiden ersten Phasen einer Ermittlungsmaßnahme – es kann durchaus noch eine *Phase drei* geben: bestimmte *rechtsschützende Vorgänge* – insbesondere durch die Gewährleistung rechtlichen Gehörs –, die *nach* der eigentlichen Vornahme eines Eingriffs vorgesehen sind. Dazu gehören die Rechte der Betroffenen – nicht nur der Beschuldigten – insbesondere nach einer *geheim durchgeführten Maßnahme*, etwa nach einer Nachrichtenüberwachung: Anhörungsrechte, Antragsrecht auf Löschung bestimmter Ergebnisse, Antragsrecht auf die Hinzunahme weiterer Ergebnisse in den Akt (zB § 139 öStPO). Auch an eine Sicherstellung bei *Vertretern bestimmter Berufsgruppen* schließt typischerweise ein bestimmtes Verfahren zum Schutz berufsgeheimer Unterlagen an (§ 112 öStPO).

Derartige Verfahren sollen die *Ergebnisse* des vorangegangenen Eingriffs für ihre weitere Verwendbarkeit *korrigieren*. Nach welchen Rechtsgrundlagen sind sie infolge grenzüberschreitender Eingriffe durchzuführen:

- nach der Verfahrensordnung, in der die Anordnung begründet wurde,
- oder nach der Verfahrensordnung, nach der der jeweilige Eingriff aufgrund einer Zuweisung durchgeführt wurde?

aa) Einsichts- und Antragsrechte nach Überwachungsmaßnahmen

Die Frage lässt sich zB am Umgang mit den Ergebnissen einer Nachrichtenüberwachung genauer darstellen. Typischerweise – in Österreich nach § 139 öStPO – haben die Betroffenen das Recht auf Einsicht in diese Ergebnisse und damit verbundene Antragsrechte auf Löschung oder auf die Beachtung vorerst aussortierter Ergebnisse.[26]

Intuitiv wird man derartige Vorgänge nach der Rechtsordnung des Staates gewährleisten wollen, in der die Maßnahme durchgeführt wurde. Erstens kommen die Ergebnisse *dort* und nach der *dortigen Rechtsordnung* zu-

---

26 Genauer für Österreich: Antrag des Beschuldigten „weitere Ergebnisse in Bild- oder Schriftform zu übertragen" (§ 139 III öStPO), Antrag aller Betroffener auf Löschung der sie betreffenden Teile der Aufzeichnungen (§ 139 IV öStPO).

stande, an die ein Verfahren zur nachträglichen Korrektur anknüpft. Zweitens sind die Betroffenen in der Regel dort ansässig und müssten in ihrem Vertrauen auf die Gewährleistung ihrer Rechte nach einem Eingriff geschützt sein. Vor allem verweist auch das Kapitel der EUStA-VO über die „Verfahrensgarantien" (Art. 41 f.) auf die Regeln „des nationalen Rechts der Kontrolle durch die zuständigen nationalen Gerichte". Im Hinblick auf die nachträgliche Kontrolle der Vollstreckung einer Anordnung kann damit nur das nationale Recht des Durchführungsstaates gemeint sein.

Bezugspunkt dieser Antragsrechte ist allerdings idR die Bedeutung der Ergebnisse für das betreffende Strafverfahren: Nur wenn sie fehlt, dürfen Ergebnisse gelöscht; nur wenn sie besteht, dürfen weitere Ergebnisse herangezogen werden. Um derartiges beurteilen zu können, braucht der unterstützende DEStA den Ermittlungsakt: Er braucht konkrete Informationen über die mutmaßliche Tat und über den Fortschritt der bisherigen Ermittlungen – wie soll er sonst beurteilen, was zu deren Ergänzung oder Entkräftung bedeutend ist?

Der Akt wird idR auch übersetzt werden müssen. Das mag in kleinen, übersichtlichen Fällen unproblematisch sein, ist aber in grenzüberschreitenden komplexen Fällen mit zahlreichen Beteiligten in verschiedenen Staaten und mitunter enorm umfangreichen Akten kaum leistbar. Folglich wäre das rechtliche Gehör zu den Ermittlungsergebnissen wohl durch den betrauten DEStA in die Wege zu leiten, der die Maßnahme auf Basis des von ihm geführten Ermittlungsakts angeordnet hat. Aber auch damit sind weitere Fragen verbunden: Geht er nach der aus seinem Blickwinkel fremden Rechtsordnung vor? Das würde im Hinblick auf den Eingriff selbst kohärent sein. Oder wendet er seine Rechtsordnung an? Nach ihr könnte das rechtliche Gehör ganz anders oder auch restriktiver gestaltet sein. Außerdem sind die Betroffenen mit erheblichen Schwierigkeiten konfrontiert: Sie müssten anreisen, um ihre Rechte wahrzunehmen, sprechen idR nicht die Sprache des Anordnungsstaates und sind mit der dortigen Rechtsordnung nicht vertraut. Ist ihnen das zumutbar?

bb) Schutz besonderer Berufsgeheimnisse

Vergleichbare Fragen werfen die Vorgehensweisen auf, die in den Mitgliedstaaten zum Schutz besonderer Berufsgeheimnisse insbesondere nach einer *Sicherstellung von Unterlagen* vorgesehen sind. So unterschiedlich sie in den einzelnen Mitgliedstaaten gestaltet sein mögen, werden sie im Kern

- erst eine Versiegelung der möglicherweise einschlägigen Beweisgegenstände beinhalten, um in einem ersten Schritt die Einsichtnahme der Ermittlungsorgane zu vermeiden;
- und im Anschluss daran ein wiederum abgeschirmtes Entsiegelungsverfahren verlangen.

Der Maßstab für derartige Vorgänge ergibt sich idR weniger aus der Bedeutung der betreffenden Unterlagen für die Ermittlungen als aus der Einhaltung von Sicherstellungsverboten. Hier liegt daher jedenfalls nahe, sie in dem Mitgliedstaat und nach der Rechtsordnung zu gewährleisten, in der der Eingriff stattgefunden hat und nach deren Berufsregeln der betreffende Berufsgeheimnisträger tätig ist.

Kurzum: Die Verordnung ist im Hinblick auf diese Anliegen offen. Auch sie werden daher wohl über kurz oder lang dem EuGH vorgelegt werden. *Auch* diese Anliegen: Ein weiteres *ist* bereits Gegenstand einer Vorlagefrage, diese betrifft den Richtervorbehalt. Dazu sogleich.

e) *Sicherung des Richtervorbehalts*

aa) Regelung der EUStA-VO

Wiederum enthält die EUStA-VO eine nach oberflächlicher Betrachtung einfache Regel (Art. 31 III):

- Verlangt nur eine der beiden beteiligten Rechtsordnungen eine richterliche Anordnung oder Genehmigung – oder auch nachträgliche Bestätigung im Fall von Eilmaßnahmen[27] –, so ist sie im betreffenden Mitgliedstaat durch den betreffenden DEStA einzuholen.
- Verlangen jedoch beide Rechtsordnungen eine solche, soll nur der unterstützende DEStA sie in seinem Mitgliedstaat einholen.

Auf diese Weise soll stets nur *eine* richterliche Entscheidung erfolgen (Erwägungsgrund 72).

Die Regelung ist einerseits nachvollziehbar: Die EUStA soll *eine* Behörde sein, daher soll nur *ein* Gericht die notwendige Bewilligung geben: das zuständige Gericht in jenem Staat, in dem der Betroffene der zugewiesenen Maßnahme tatsächlich ausgesetzt ist.[28] Ein genauer Blick macht allerdings Hürden erkennbar.

---

27 *Niedernhuber*, in: Herrnfeld/Esser (Fn. 4), § 7 Rn. 134.
28 *Niedernhuber*, in: Herrnfeld/Esser (Fn. 4), § 7 Rn. 133.

bb) Richtervorbehalt auch oder nur im unterstützenden Staat

Problematisch ist die Situation dann, wenn eine richterliche Entscheidung nach dem für den unterstützenden DEStA maßgeblichen Recht erforderlich ist. Damit das dafür zuständigen Gericht entscheiden kann, müssten ihm nämlich sämtliche Auszüge aus dem Ermittlungsakt des betrauten DEStA zur Verfügung gestellt werden: Nur so kann der Richter überprüfen, ob die Begründung einer nach der fremden Rechtsordnung angeordneten Maßnahme

- sowohl der Rechtsordnung des Durchführungsstaates,
- als auch der Rechtsordnung, nach der die Maßnahme zugewiesen wurde, entspricht.

Schon die dafür notwendige Übersetzungsarbeit wäre mitunter enorm. Vor allem ginge die Rechtssicherheit verloren, wenn in mehreren Mitgliedstaaten richterlich gebundene Maßnahmen durchgeführt werden sollen und somit die jeweiligen Gerichte je nach der Durchführungsrechtsordnung entscheiden müssten.

Diese Frage hat bereits Eingang in eine *Vorlagefrage* aus Österreich[29] an den EuGH gefunden: Das OLG fragt konkret danach, ob eine richterliche Bewilligung nach Art. 31 III EUStA-VO tatsächlich eine vollständige formelle und materielle Überprüfung erfordert – oder ob eine richterliche Überprüfung iS einer EEA genügt, bei der im Vollstreckungsstaat nur nach wenigen formellen Erforderlichkeiten zu prüfen ist.

2. *Fragmentierter Rechtsschutz*

Die Kombination verschiedener nationaler Rechtsgrundlagen setzt sich auf der Ebene des Rechtsschutzes fort: „Verfahrenshandlungen der EUStA mit Rechtswirkungen gegenüber Dritten“ – das sind in erster Linie Beschuldigte, Opfer und Zeugen[30] – „unterliegen im Einklang mit den Anforderungen und Verfahren des nationalen Rechts der Kontrolle durch nationale Gerichte“ (Art. 42 I EUStA-VO). Gegenstand dieser Kontrolle ist sowohl das nationale als auch das Unionsrecht. Eine Verfahrenshandlung auf der *dezentralen Ebene* – die eines DEStA – ist damit jeweils nach dem Verfahrensrecht des Mitgliedstaates bekämpfbar, in dem sie gesetzt wurde. Wur-

---

29 OLG Wien, Beschl. v. 8.4.2022, 22 Bs 8/22w ua zu EuGH C-281/22, *G. K. uA*.
30 *Esser*, in: Herrnfeld/Esser (Fn. 4), § 12 Rn. 41.

de sie auf *zentraler Ebene* angeordnet – etwa durch die Ständige Kammer –, wird der gerichtliche Rechtsschutz der Mitgliedstaaten zur Verfügung stehen müssen, in denen sie sich jeweils auf Dritte auswirkt.[31]

Die Betroffenen eines *grenzüberschreitenden Eingriffs* sind demnach mit zumindest zwei Rechtsordnungen konfrontiert:

- Anordnung und Zuweisung sind nach den Verfahrensregeln im Staat des betrauten DEStA zu bekämpfen und
- die Modalitäten der Durchführung nach den Regeln des Staates, in dem der unterstützende DEStA die Anordnung vollstreckt hat.

Eine derartige „*Aufspaltung des Rechtsschutzes*"[32] wurde bereits im Zusammenhang mit der RL-EEA (Art. 14 II) kritisiert: Die Betroffenen sind mit sprachlichen Schwierigkeiten, mit der räumlichen Distanz zu den zuständigen nationalen Instanzen und mit einer ihnen nicht vertrauten Rechtslage konfrontiert.[33] Kann das ein wirksamer Rechtsschutz iS von Art. 47 I EU-GRC und Art. 13 EMRK sein?[34]

Es liegt allerdings auch eine weitere Interpretation der Bestimmung nahe: Erst die Anordnung einer Maßnahme löst die Rechtswirkungen der Durchführung aus – auch dann, wenn die Durchführung in einem anderen Staat und durch die dortigen Behörden zustande kommt. Müsste gegen die Durchführung nicht (auch) der Rechtsschutz des Anordnungsstaates zugänglich sein?

Durch die Übertragung des Rechtsschutzes gegen Verfahrenshandlungen der EUStA auf nationale Gerichte schränkt die EUStA-VO den Zugang zu einer Nichtigkeitsklage (Art. 263 IV AEUV) ein; er steht nur noch gegen Einstellungsentscheidungen offen, die sich unmittelbar auf Unionsrecht stützen.

III. Beweisverwertung

1. Rudimentäre Vorgaben der EUStA-VO

Das Ermittlungsverfahren der EUStA wird – unter Einbeziehung der weisungsbefugten zentralen Ebene – durch eine Verweisung des Verfahrens

---

31 *Esser*, in: Herrnfeld/Esser (Fn. 4), § 12 Rn. 44 f.

32 Bereits im Zusammenhang mit dem Vorläufer der EEA *Esser*, FS Roxin, 2011, S. 1497 (1505).

33 *F. Zimmermann*, ZStW 2015, 143 (169).

34 *Esser*, FS Roxin (Fn. 32), S. 1497 (1505 f).

an die nationalen Behörden, durch Einstellung, durch ein vereinfachtes Strafverfolgungsverfahren oder aber durch Anklage abgeschlossen. Diese führt zu einem Hauptverfahren vor einem nationalen Gericht, das bei einem grenzüberschreitenden Fall mit der Aufgabe verbunden ist, die nach verschiedenen Rechtsordnungen zusammengetragenen Ermittlungsergebnisse zu verwenden, zu verwerten und zu würdigen.

Für den Vorgang der Würdigung macht die EUStA-VO ausdrücklich keine Vorgaben (Art. 37 II EUStA-VO). Letzten Endes überlässt sie auch die Regeln der Beweisverwendung den nationalen Gerichten: Diese dürfen einen Beweis „nicht allein deshalb als unzulässig" ablehnen, weil er in einem anderen Mitgliedstaat oder nach dem Recht eines anderen Mitgliedstaates erhoben wurde (Art. 37 I EUStA-VO).

2. *Bisheriges Konzept der Verwendung von Auslandsbeweisen*

In Deutschland – erst recht übrigens in Österreich – ist die Judikatur im Hinblick auf die Verwendbarkeit von Auslandsbeweisen traditionell großzügig: Verwendungsverbote werden grundsätzlich auf rechtswidriges Handeln inländischer Behörden bezogen. Dahinter steht der Gedanke, dass die nationale Verfahrensordnung nur für die jeweiligen nationalen Strafverfolgungsbehörden gilt – und daher eine nicht von diesen vorgenommene Verfahrenshandlung die StPO gar nicht verletzen kann.[35] Ausnahmen werden im Wesentlichen nur unter dem wenig präzisen Topos des *ordre public* gemacht; auch heute noch[36] beruft sich der BGH dabei auf einen Beschluss aus 2012.[37]

Diese Argumentation lässt sich zumindest bei Maßnahmen der EUStA nicht mehr durchhalten. Die DEStA handeln zwar nach nationalen Rechtsordnungen, betreiben damit aber innerhalb einer supranationalen Behörde eine strafrechtliche Aufarbeitung für den gesamten Geltungsraum der EUStA-VO. Im Rahmen des Ermittlungsverfahrens stehen ihre Handlungen höchstens unter einer rudimentären justiziellen Kontrolle; zahlreiche Mitgliedstaaten verlagern eine solche auf die Phase des Hauptverfahrens. Die hierfür zuständigen nationalen Gerichte können sich daher nicht bloß auf die Überprüfung von Handlungen nationaler Staatsanwaltschaf-

35 Für Österreich jüngst OGH, Beschl. vom 22.2.2022 – 15 Os 11/22i.

36 BGH, Beschl. v. 2.3.2022 – 5 StR 467/21 (EncroChat-Beschluss); fast geschlossen steht die Literatur diesem Weg kritisch gegenüber, für viele *F. Zimmermann*, ZfIStW 2022, 173 ff.

37 BGH, Beschl. v. 21.11.2012 – 1 StR 310/12, BGHSt 58, 32.

ten zurückziehen. Wenn einem nationalen Gericht daher Beweise „zugespielt" werden, die ein ausländischer DEStA erhoben hat, muss es den Erhebungsvorgang aus dem Blickwinkel der nationalen StPO überprüfen. Das dürfte nicht nur dann gelten, wenn der DEStA desselben Mitgliedstaates, der das Ermittlungsverfahren geleitet hat, bei seiner früheren Zuweisung an den ausländischen Kollegen keine ausreichenden Angaben von „Formvorschriften und Verfahren" (iSv Art. 32 EUStA-VO) gemacht hat. Auch dann, wenn der Fehler *nicht* an ihm liegt, sondern der unterstützende DEStA die betreffenden Anordnungen nicht beachtet hat, hat das Gericht die Beweisverwertungsvorgaben der dStPO zu beachten – unabhängig davon, ob der unterstützende DEStA *seine eigene* Rechtsordnung eingehalten hat.

IV. Fazit

Bei sämtlichen Fragen der grenzüberschreitenden Ermittlung der EUStA wird deren hybrider Anspruch sichtbar:

Einerseits soll eine insgesamt einheitliche Behörde für eine einheitliche Strafverfolgung der „PIF"-Delikte sorgen.

Andererseits sollen dafür letzten Endes die nationalen Verfahrensordnungen angewendet werden – die aber gerade *nicht* einheitlich sind.

Die dadurch entstehen Friktionen sind darauf zurückzuführen, dass Ermittlungsmaßnahmen ihrem Wesen nach nicht in einem Schritt erfolgen und wirken. Anordnung, Durchführung und Bekämpfung der Erhebung von Beweisen führen zur Verwendung und Verwertung von Beweisen. Der Zusammenhang dieser Phasen des Beweisvorganges liegt auf der Hand – aber auch bei EUStA-Ermittlungen kommen sie nach verschiedenen Rechtsordnungen zustande. Liegt darin wirklich ein (fortschrittlicher) Paradigmenwechsel gegenüber der Rechtshilfe?

Transnationalität der Strafverfolgung durch die EUStA als Herausforderung für die Strafverteidigung

Robert Esser

I. Implementierung der EUStA in der nationalen Strafverfolgungslandschaft

Am 14. Oktober 2022 gab die EUStA bekannt, umfangreiche Ermittlungen zum Erwerb von COVID-19-Impfstoffen durch die EU und ihre Mitgliedstaaten während der Corona-Pandemie eingeleitet zu haben. Der offiziellen Mitteilung des Büros der Europäischen Generalstaatsanwältin *Laura Kövesi* ließ sich lediglich entnehmen, dass die Bestätigung entsprechender Ermittlungen „aufgrund des extrem hohen öffentlichen Interesses erfolge".[1] Unklar blieb dagegen, gegen wen sich die Ermittlungen im Konkreten richten. Die EU-Kommission hatte in der Hochphase der Corona-Pandemie im Auftrag der EU-Mitgliedstaaten Impfstoffe bei verschiedenen Herstellern erworben, zu einem Großteil vom US-Konzern Pfizer mit einem geschätzten Vertragsvolumen von rund 35 Milliarden Euro.[2] Wichtige Teile der seinerzeit geschlossenen Verträge blieben vertraulich.[3] Unregelmäßigkeiten, die der Europäische Rechnungshof bei der Beauftragung des Konzerns festgestellt hatte, waren von Seiten der Kommission nicht aufgeklärt worden[4] – möglicherweise das Verdachtsmoment, das die EUStA zur Einleitung von Ermittlungen veranlasst hat.

Allein der medienwirksame Ermittlungskomplex „COVID-19-Impfstoffe" lässt keinen Zweifel: Die EUStA ist mittlerweile nicht nur in der natio-

1 „Ongoing EPPO investigation into the acquisition of COVID-19 vaccines in the EU (Published on 14 October 2022): The [EPPO] confirms that it has an ongoing investigation into the acquisition of COVID-19 vaccines in the European Union. This exceptional confirmation comes after the extremely high public interest. No further details will be made public at this stage."

2 https://www.mdr.de/nachrichten/welt/wirtschaft/corona-eu-staatsanwaltschaft-ermittlungen-impfstoff-vertraege-100.html (17.1.2023).

3 https://www.aerzteblatt.de/nachrichten/138170/Europaeische-Staatsanwaltschaft-untersucht-Kauf-der-Corona-Impfstoffe (17.1.2023).

4 https://www.berliner-zeitung.de/wirtschaft-verantwortung/von-der-leyen-nervoes-eu-staatsanwalt-ermittelt-wegen-pfizer-deal-li.281403 (17.1.2023).

nalen Strafverfolgungspraxis der EU-Mitgliedstaaten, sondern auch in der öffentlichen Wahrnehmung angekommen.

Ihre Arbeit aufgenommen hatte die Einrichtung der Union offiziell bereits am 1. Juni 2021. Ende Dezember 2021 waren schon 515 Ermittlungsverfahren bei der EUStA anhängig, bei 17,6 % der Fälle handelte es sich um den Vorwurf des Mehrwertsteuerbetrugs, 27,5 % der Ermittlungskomplexe wiesen ein grenzüberschreitendes Element auf.[5] Insgesamt wurden in besagtem Zeitraum 576 Ermittlungsverfahren eingeleitet bei einem geschätzten Schaden von 5,4 Milliarden Euro; drei Verfahren wurden eingestellt.[6] Bulgarien (105) und Italien (120) sind in absoluten Zahlen die beiden Länder, in denen die größte Zahl an Verfahren eröffnet wurde. Die meisten Verfahren mit einem grenzüberschreitenden Element betrafen Deutschland und Italien.[7] Insgesamt kam es im Jahr 2021 zu fünf Anklagen sowie zur Beschlagnahme von Gegenständen und Vermögenswerten in Höhe von 147,3 Millionen Euro.[8] In Deutschland liefen Ende 2021 insgesamt 54 von der EUStA geführte Ermittlungsverfahren; zwei Anklagen wurden erhoben. Der durch die verfolgten Taten verursachte Schaden wurde auf 701,4 Millionen Euro geschätzt.[9]

II. Strafverteidigung im Gesamtkonzept der EUStA

Schon ein flüchtiger Blick auf die Bestimmungen der VO (EU) 2017/1939 („EUStA-VO") offenbart, dass im Regelungskonzept der EUStA ein aus Gründen der Verfahrensfairness, gerade in grenzüberschreitenden Ermittlungskomplexen, erforderliches *Pendant*, in Form eines unionsrechtlich institutionalisierten Europäischen Strafverteidigers[10] – sei es nach dem

5 Europäische Staatsanwaltschaft, Jahresbericht 2021, S. 10.
6 Europäische Staatsanwaltschaft, Jahresbericht 2021, S. 10, 12.
7 Europäische Staatsanwaltschaft, Jahresbericht 2021, S. 11.
8 Europäische Staatsanwaltschaft, Jahresbericht 2021, S. 12.
9 Europäische Staatsanwaltschaft, Jahresbericht 2021, S. 32.
10 Darstellung diverser Vorschläge bei *Esser*, in: Sieber/Satzger/v.Heintschel-Heinegg, Handbuch Europäisches Strafrecht, 2. Aufl. 2014, § 59 Rn. 2 ff.; *Rackow*, in: Böse (Hrsg.), Enzyklopädie Europarecht, Band 11 – Europäisches Strafrecht, 2. Aufl. 2021, § 24 Rn. 10 ff.

Modell des „Eurodefensors"[11] oder in Form eines europäischen Pflichtverteidigersystems – keine Aufnahme gefunden hat.[12]

Ein Kapitel oder einen Abschnitt zum „Verteidiger" oder zur „Verteidigung" gibt es in der EUStA-VO nicht – ein elektronischer Suchbefehl bleibt lediglich bei Art. 41 III („Maßnahmen im Namen der Verteidigung erwirken"), ErwG 65 („auf Antrag der Verteidigung") und ErwG 85 hängen (dort aber als Prozess, nicht als Institution gemeint), die „Verteidigungsrechte" liefern lediglich fünf Treffer (Art. 41 I; ErwG 80, 83–85 EUStA-VO) – insgesamt ein dürftiges Ergebnis.

Elemente einer effektiven Strafverteidigung als Kernbestandteile eines rechtsstaatlichen Strafverfahrens und die hieraus abzuleitenden Garantien erschließen sich dem Anwender der EUStA-VO allenfalls punktuell über die von Art. 41 EUStA-VO in seinem offiziellen Titel schlicht und schnörkellos angesprochenen „Rechte Verdächtiger oder Beschuldigter" und die dort in Bezug genommenen unionsrechtlichen Rechtsquellen (Charta der Grundrechte, Verfahrensrechte im Unionsrecht).

Im Wesentlichen ergeben sich die *konkreten Inhalte* der Rechte des Beschuldigten dann erst über das jeweilige nationale Recht des Mitgliedstaates, in dem das Verfahren durch einen Delegierten Europäischen Staatsanwalt (DEStA) geführt wird (Art. 41 III EUStA-VO).

Dieser Befund wird in der rechtspolitischen Diskussion über die Rechtsstaatlichkeit des Aufgabenbereichs und der Tätigkeit der EUStA auch gar nicht geleugnet, sondern im Gegenteil durchgehend als *Vorteil* für den Beschuldigten gepriesen; dieser (bzw. sein Verteidiger) sei schließlich mit dem nationalen Recht vertraut und könne auf denselben Schutzstandard wie in jedem nationalen Strafverfahren zurückgreifen, ist dabei oft zu hören.

Aber ist genau dieser mit dem nationalen Ansatz identische Schutzstandard speziell für ein von der EUStA geführtes Strafverfahren im Ergebnis auch ein *ausreichender* Garant zur Begrenzung staatlicher Macht und mit ihr verbundener Eingriffsbefugnisse durch die in jedem Strafverfahren staatlicherseits zu garantierende *Effektivität* der Verteidigung?

Diese Frage wird leider noch zu selten gestellt, was durchaus verwunderlich ist, angesichts der im Jahresbericht der EUStA für 2021 mitgeteilten immerhin 27,5 % an Verfahren, die ein grenzüberschreitendes Element

---

11 Vgl. *Schünemann*, ZIS 2007, 528 (534).

12 Dazu *Magnus*, HRRS 2018, 143 (152); *dies.*, ZRP 2015, 181 (183); vgl. auch *Schünemann*, ZIS 2007, 528 (533 f.) oder *Esser* in: Sieber/Satzger/v. Heintschel-Heinegg (Fn. 10), § 59 Rn. 25 ff.

(„cross-border dimension")[13] aufweisen. Überraschen kann diese Zahl eigentlich nicht, man hätte sie vielleicht sogar etwas höher geschätzt, denn schon die Zuständigkeit der EUStA für die Verfolgung der sog. PIF-Delikte (RL [EU] 2017/1371[14]; Art. 4 EUStA-VO) enthält über den Schutz der „finanziellen Interessen der Union" einen in der Natur der Sache liegenden transnationalen Gedankenansatz (vgl. auch Art. 22 I 2 EUStA-VO: *„mit dem Hoheitsgebiet von zwei oder mehr Mitgliedstaaten verbunden sind"*).[15]

Übersehen, bisweilen ignoriert, wird häufig die *spezifisch* „internationale" Dimension der EUStA-Ermittlungen,[16] verbunden mit einer Verfahrensführung und völlig neuen grenzüberschreitenden Formen der Beweisgewinnung unter Beteiligung von DEStA und nationalen Staatsanwälten mehrerer Länder, in denen die Ermittlungen zeitgleich und eng aufeinander abgestimmt geführt werden (vgl. Art. 31 IV EUStA-VO).[17]

Art. 31 I 1 EUStA-VO lässt an der Existenz und am Charakter derartiger, für die Arbeit der EUStA wesenstypischer „grenzüberschreitender Ermittlungen" der EUStA auch gar keinen Zweifel: *„Die Delegierten Europäischen Staatsanwälte arbeiten eng zusammen, indem sie einander bei grenzüberschreitenden Fällen unterstützen und regelmäßig konsultieren."* Genau für diesen unkomplizierten und unbürokratischen Austausch von Informationen und Unterstützungsleistungen wurde die EUStA geschaffen, genau hier liegt ihr erhoffter Mehrwert gegenüber bilateral über die weiterhin „for-

---

13 Europäische Staatsanwaltschaft, Jahresbericht 2021, S. 10 (Tathandlungen auf dem Gebiet mehrerer Länder oder in mehreren Ländern Schaden verursacht).

14 Richtlinie (EU) 2017/1371 des Europäischen Parlaments und des Rates v. 5.7.2017 über die strafrechtliche Bekämpfung von gegen die finanziellen Interessen der Union gerichtetem Betrug, ABl. EU L 198/29; hierzu *Brodowski*, StV 2017, 684 (686 f.).

15 Vgl. außerdem Art. 26 IV 1 EUStA-VO: „falls mehrere miteinander verbundene Straftaten innerhalb des Zuständigkeitsbereichs der EUStA begangen wurden"; zum Inhalt der PIF-RL: *Hecker*, Europäisches Strafrecht, 6. Aufl. 2021, § 13 Rn. 22 ff., 53.

16 Hierzu in diesem Band: *Ritter*, S. 15 ff.

17 Siehe als Beispiel Europol, PM v. 13.12.2022 („Europol support to EPPO investigation into EUR 2.2 billion VAT fraud scheme"): Die EUStA führte in Zusammenarbeit mit Strafverfolgungsbehörden in 14 EU-Mitgliedstaaten und mit Unterstützung von Europol (EFECC) gleichzeitig Ermittlungsmaßnahmen in Bezug auf ein komplexes Mehrwertsteuerbetrugssystem (Verkauf von Mobiltelefonen, Tablets, Kopfhörern und anderen elektronischen Geräten). Es kam zu 200 Durchsuchungen in 14 Ländern. Am 12./13.10.2022 hatte die EUStA bereits Durchsuchungen in sechs Ländern durchgeführt, die Verbindungen zwischen dem verdächtigten Unternehmen in Portugal und fast 9.000 juristischen Personen und rund 600 natürlichen Personen in über 30 Ländern zutage förderten.

malisierte“ Rechtshilfe oder spezielle EU-Instrumente (ua EEA) nach dem Grundsatz der gegenseitigen Anerkennung in einem Anordnungs- und Vollstreckungsstaat agierenden nationalen Staatsanwaltschaften.

EUStA-Strafverfahren sind also ihrem Gegenstand und Wesen nach keine klassischen „nationalen Dramen“, auch wenn sie formal in den bekannten „Arenen“ auf nationaler Ebene „spielen“. Der eher schnöde Verweis in Art. 41 III EUStA-VO auf das nationale Strafverfahrensrecht als wesentliche Quelle für die Garantie und inhaltliche Ableitung konkreter Beschuldigten- und Verteidigungsstandards („Verfahrensrechte“) wirkt letztlich wie eine Notlösung im Gesamtkonzept der EUStA, weil eben bis heute kein unionsweit operables „Europäisches Strafverfahrensrecht“ zur Verfügung steht, auf das Art. 41 II EUStA-VO verweisen könnte – und im Falle seiner Existenz konsequent auch müsste.

III. Strafverteidigung in EUStA-Verfahren: erste Erfahrungen aus der Praxis

Art. 4 EUStA-VO schreibt der EUStA die Aufgabe der „strafrechtlichen Untersuchung und Verfolgung“ zu, einschließlich der Anklageerhebung in denjenigen Mitgliedstaaten, die sich an der Verstärkten Zusammenarbeit zur EUStA (Art. 86 I UAbs. 3 AEUV) beteiligen.[18] Dazu gehört auch die Wahrnehmung staatsanwaltlicher Aufgaben im Verfahren vor dem nationalen Gericht. Die EUStA besitzt hierfür nicht nur weitreichende strafprozessuale Befugnisse, die sich über alle zeitlichen Stadien des Strafverfahrens bis zu dessen rechtskräftigem Abschluss erstrecken,[19] sondern sie verfügt mit den DEStA über ein zentrales Verbindungsglied zu den Mitgliedstaaten und über eine unmittelbare Verankerung in deren nationalen Strafverfolgungssystemen, die ihrerseits über die zentrale Ebene der EUStA vernetzt werden.

Die EUStA kann dadurch auf erhebliche personelle und funktionelle Ressourcen zurückgreifen, darunter nicht nur die nationalen Strafverfolgungsbehörden, sondern auch die supranationalen Institutionen der Union mit strafrechtlichem Bezug (Eurojust, OLAF und Europol), mit denen die EUStA allesamt Kooperationsvereinbarungen für einen weitreichenden Daten- und Informationsaustausch geschlossen hat.

---

18 Zu den Vorgaben, die sich aus Art. 86 AEUV ergeben *Strauch*, ZEuS 2021, 683 (697–699).

19 Ein Überblick bei *Duesberg*, NJW 2021, 1207.

Die Strafverteidigung dagegen stehen derart europaweit zugängliche Ressourcen zur Unterstützung ihrer Tätigkeit nicht zur Verfügung; sie findet schon in der gesetzlichen Grundlage für die Errichtung der EUStA (Art. 86 AEUV) als solche keinerlei Erwähnung und ist auch in der Praxis der laufenden EUStA-Verfahren weitgehend auf die Bildung multilateraler Netzwerke sowie auf die Kontaktierung international agierender NGO beschränkt (die bekannteste *Fair Trials*).[20] In ihrem nationalen System verhaftete Strafverteidiger, selbst wenn sie sich auf grenzüberschreitende Sachverhalte und EUStA-Verfahren spezialisieren und über derartige Netzwerke verbinden, werden sich gegenüber einer auf grenzüberschreitende Ermittlungen spezialisierten, sich weiter profilierenden und schnell auch an internationaler Professionalität und Reputation gewinnenden EUStA kaum effektiv behaupten können.[21]

Dabei herrscht zum Problem des fehlenden Gleichgewichts von EUStA und Verteidigung bei den Interessenvertretungen der Strafverteidigung auf europäischer Ebene keineswegs Stillschweigen oder Untätigkeit. An Tagungen, rechtspolitischen Statements und konkreten Forderungen der europäischen Anwaltskammer CCBE[22] sowie der Vereinigung ECBA[23] zur Institutionalisierung und Stärkung der grenzüberschreitenden Straf*verteidigung* in Europa im Allgemeinen und bei EUStA-Verfahren im Besonderen fehlte es in den letzten Jahren durchaus nicht.[24]

Indes, die Initiativen aus der Praxis und diverse wissenschaftliche Projekte zur Etablierung einer „Europäischen Strafverteidigung" als Institution und Gegenstück zu den kontinuierlich mit mehr Befugnissen ausgestatteten Einrichtungen der Union zur Verbrechensbekämpfung und Strafverfolgung (Europol, Eurojust und OLAF) verliefen allesamt im Sande. Das rächt sich jetzt, weil mit der EUStA – trotz langer Vorlaufzeit – quasi über Nacht ein unabhängiger (Art. 6 EUStA-VO), die operative Strafverfolgung mit viel Verve betreibender selbstbewusster Player auf die europäische

20 Siehe hierzu Fair Trials (Hrsg.), European arrest warrant defence toolkits: The right to access the case file (11/2022); The right to a lawyer and legal aid (11/2022); The right to judicial review (11/2022); The right to interpretation and translation (2022).

21 Vgl. auch *Duesberg*, NJW 2022, 596 (597); *Magnus*, ZRP 2015, 181 (183); *Braum*, ZRP 2002, 508 (512); skeptisch *Faletti*, eucrim 2017, 25 f.; vertiefend *Brodowski*, in: Müller/Schlothauer/Knauer (Hrsg.), Münchener Anwaltshandbuch Strafverteidigung, 3. Aufl. 2022, § 22 Rn. 2 ff.

22 The Council of Bars and Law Societies of Europe (CCBE), gegründet 1960.

23 European Criminal Bar Association (ECBA), gegründet 1997.

24 Vgl. zusammenfassend auch *Duesberg*, NJW 2022, 596 (597).

Bühne getreten ist,[25] dessen Dynamik und Schlagkraft die Strafverteidigung – so scheint es im Moment – wenig an „grenzüberschreitender Substanz" entgegenzusetzen hat.

Zwar hat die EUStA in eigener Verantwortung zu gewährleisten, dass bei ihren Ermittlungen die in der Charta der Grundrechte der Union verankerten Rechte beachtet werden (Art. 5 I EUStA-VO) und sicher richtig ist auch der Hinweis, dass sie in ihrer Arbeit an die Grundsätze der Rechtsstaatlichkeit und Verhältnismäßigkeit gebunden ist (Art. 5 II EUStA-VO).[26] Blickt man aber auf einige der zurzeit laufenden Verfahren der EUStA, stellt sich durchaus die Frage, ob das schon in der nationalen Verfolgungspraxis bisweilen strapazierte Prinzip der Waffengleichheit, abgeleitet aus den Grundsätzen eines fairen Verfahrens (Art. 6 I EMRK / Art. 14 I IPBPR), in einem EUStA-Verfahren derzeit hinreichend gewährleistet werden kann.[27]

Die Liste der von der Verteidigung wahrgenommenen Restriktionen ist lang und vielschichtig. Die Monita betreffen nicht selten gleich mehrere Aspekte in *einem* Verfahren. Dazu gehört zunächst das für Außenstehende undurchsichtige Verfahren der Evokation[28], das ohne eine Anhörung der Verteidigung erfolgt, mit der diese früh eine Unzuständigkeit der EUStA im Allgemeinen bzw. der zur Verfahrensführung bestimmten Ständigen Kammer rügen könnte (vorgesehen ist eine Prüfung der Zuständigkeit der EUStA durch das Gericht nach Anklage, § 16 II StPO). Zwar gibt es ein solches Anhörungsrecht der Verteidigung in Bezug auf die Zuständigkeit der die Ermittlung führenden Staatsanwaltschaft auch auf rein nationaler Verfolgungsebene nicht und bei verdeckten Ermittlungen wäre ein solches überdies auch erst im späteren Verlauf des Ermittlungsverfahrens realisierbar. Da aber ua die Voraussetzungen für die Anordnung und die Bedingungen für den Vollzug von Untersuchungshaft europaweit bislang nicht harmonisiert sind (Kautions-Modelle; elektronische Überwachung, Haus-

---

25 *Zivic/Zandstra/Pit/Vegt-Schouten*, NJECL 2022, 1 (2); *Öberg*, MJECL (MJ) 2021, 164 (179: „changes the nature of national criminal enforcement").

26 Näher hierzu *Strauch*, ZEuS 2021, 683 (694–696).

27 *Esser*, StV 2014, 494 (504); *Bachmaier Winter*, in: Bachmaier Winter (Hrsg.), The European Public Prosecutor's Office, 2018, S. 117 (120, 135); *Illuminati*, in: Bachmaier Winter, aaO, S. 179 (195); *Magnus*, HRRS 2018, 143 (152); Schomburg/Lagodny/*Gleß/Wahl*, Internationale Rechtshilfe in Strafsachen, 6. Aufl. 2020, III D 5 (EUStA-VO), Rn. 38; ferner *Rackow*, KriPoZ 2017, 295 (300); *Satzger*, NStZ 2013, 206 (212 f.).

28 Kritisch auch *Satzger*, Internationales und Europäisches Strafrecht, 10. Aufl. 2022, § 10 Rn. 23 (Komplementaritätsmodell favorisierend).

arrest),[29] hat die Auswahl des für das EUStA-Verfahren zuständigen Mitgliedstaates/DEStA eine erheblich höhere Relevanz als auf nationaler Ebene, insbesondere dann, wenn ein Tatverdächtiger weder einen Wohnsitz noch eine Staatsangehörigkeit im Verfahrensstaat hat und der Schaden zu einem großen Teil (auch) in einem anderen Staat eingetreten ist.

Beklagt wird zudem, dass neben dem von der EUStA geführten Verfahren auf nationaler Ebene anhängige Verfahren gegen den Mandanten trotz inhaltlichen Bezugs nicht mit dem Gang des EUStA-Verfahrens abgestimmt sind.

Wenig transparent scheint bisweilen auch die Frage der territorialen Schadensermittlung zu sein; hier weichen im Laufe des Verfahrens (Haftbefehl, Anklageschrift, Hauptverhandlung) die Berechnungsgrundlagen zum Teil signifikant voneinander ab.

Probleme bereitet die (Nicht)Gewährung von Akteneinsicht. So beklagen Verteidiger, dass der zuständigen Ständigen Kammer in Luxemburg zum Teil unvollständige Akten zur Entscheidung vorgelegt würden bzw. dass die Kammer die Entgegennahme zusätzlicher Informationen von Seiten der Verteidigung verweigere.

Des Weiteren ist zu vernehmen, dass Anregungen zur richterlichen Vorlage zentraler Fragen zur Vorabentscheidung durch den EuGH (Art. 267 AEUV; Art. 42 EUStA-VO) ignoriert werden.

Offenbar bereiten auch die Kommunikationswege Schwierigkeiten, da die zentrale Ebene der EUStA in Luxemburg und die dort ansässigen Ständigen Kammern, die die von den DEStA geführten Ermittlungen überwachen und leiten sowie die Koordination der Strafverfolgungsmaßnahmen in grenzübergreifenden Fällen gewährleisten sollen (Art. 10 II EUStA-VO), dh höchst relevante Entscheidungen treffen (ua zur Verfahrenserledigung), für den Verteidiger schwer, jedenfalls nicht über die gewohnten Wege (beA; Telefax), zugänglich sind.

---

29 Hierzu Commission Recommendation of 8.12.2022 on procedural rights of suspects and accused persons subject to pre-trial detention and on material detention conditions, C(2022) 8987.

IV. Grundkonzept für das „Mindestmaß" an Beschuldigtenrechten: Charta – Verfahrensrechte im Unionsrecht – nationales Recht[30]

Da die EUStA-VO selbst, wie schon erwähnt, die „Verteidigung" als rechtsstaatliche Institution und unabdingbaren Protagonisten des Strafverfahrens nahezu unerwähnt lässt, rückt das grundsätzliche Konzept in den Fokus, mit dem die EUStA wenigstens die Geltung von Beschuldigten- und Verteidigungs*rechten* garantieren will, sowie ein etwaig von dieser Basis aus zu formulierender Reform- und Ergänzungsbedarf.

Die in einem EUStA-Verfahren geltenden Beschuldigten- und Verteidigungsrechte sind im gesetzlichen Regelungsauftrag des Art. 86 III AEUV nicht gesondert angesprochen und werden dort allenfalls über den Terminus der *„für ihre Tätigkeit geltenden Verfahrensvorschriften"* mit abgedeckt. Schon diese Ausgangslage ließ freilich keine elaborierte Ausarbeitung *europäischer* Standards erwarten.

Verteidigungs- und Beschuldigtenrechte sind daher „folgerichtig" in der EUStA-VO über das Kapitel VI („Verfahrensgarantien") abgebildet, das in zwei Artikeln (Art. 41 EUStA-VO: *„Umfang der Rechte Verdächtiger oder Beschuldigter"*; Art. 42 EUStA-VO: *„Gerichtliche Kontrolle"*) allenfalls einen groben Rahmen vorzeichnen kann. Ergänzend regelt noch Art. 45 II EUStA-VO den Zugang zur Verfahrensakte; die insoweit relevanten Fragen sollen aber hier nicht näher thematisiert werden.[31]

Im Folgenden soll allein das Konzept des Art. 41 EUStA-VO im Mittelpunkt stehen.

1. „Umfang der Rechte Verdächtiger oder Beschuldigter" (Art. 41 EUStA-VO)

Kernvorschrift für die Geltung der Beschuldigten- und Verteidigungsrechte ist Art. 41 EUStA-VO, der Inhalt und „Umfang" der Rechte von Verdächtigen/Beschuldigten in einem von der EUStA geführten Verfahren („Verfahrensrechte") auf drei sich ergänzenden Ebenen regelt:[32] Charta der

30 Die nachfolgenden Ausführungen beruhen im Kern auf den ausführlichen Erläuterungen des Autors in: Herrnfeld/Esser (Hrsg.), Europäische Staatsanwaltschaft, Handbuch, 2022, ergänzt um die aktuelle Perspektive und Entwicklung.

31 Vgl. *Niedernhuber*, in: Herrnfeld/Esser (Fn. 30), § 7 Rn. 193 ff.; *Esser*, in: Herrnfeld/Esser (Fn. 30), § 11 Rn. 227 ff.

32 Vgl. *Mitsilegas/Giuffrida*, Raising the bar? Thoughts on the establishment of the European Public Prosecutor's Office, Policy Insights No. 2017/39, S. 11; *Juszczak/Sason*, eucrim 2019, 66 (71).

Grundrechte der Union (Abs. 1), (sonstige) einschlägige unionsrechtliche Grundlagen (Abs. 2) und nationales Recht (Abs. 3).[33]

2. *„In einem Strafverfahren der EUStA"*

Vor der Analyse des eigentlichen *Inhalts* der dem Beschuldigten zu gewährleistenden Verfahrensrechte bedarf zunächst der Klärung, in welchen zeitlichen Abschnitten eines von der EUStA geführten Strafverfahrens diese in ihrer Substanz zu konturierenden Garantien zur Anwendung kommen müssen.

Der Terminus *„in einem Strafverfahren der EUStA"* bzw. *„Verfahren der EUStA"* (Art. 41 III EUStA-VO) erfasst neben dem von der EUStA geführten Ermittlungsverfahren auch (nach Anklageerhebung) das spätere Verfahren vor den nationalen Gerichten bis zum endgültigen Abschluss eines etwaigen Rechtsmittelverfahrens.

Das von einer nationalen Staatsanwaltschaft *geführte* Verfahren ist dagegen selbst dann nicht vom sachlichen Anwendungsbereich des Art. 41 EUStA-VO erfasst, wenn es ein sog. PIF-Delikt zum Gegenstand hat.[34]

Für die Verteidigung ist – wegen der dahinterstehenden grenzüberschreitenden Dimension – die Erkenntnis wichtig, dass der *Verfahrens*begriff der EUStA-VO im territorial verstandenen Kontext ebenfalls weit zu interpretieren ist und neben der Rechtsordnung des Mitgliedstaates, in dem der mit dem Fall betraute DEStA das Verfahren führt, auch die Rechtsordnungen aller anderen in das jeweilige Verfahren der EUStA involvierter Staaten sowie die dort spielenden Verfahrensabschnitte/-vorgänge in ihrem System umfassen soll.[35]

---

33 Vgl. den Hinweis auf den „hybriden" Charakter der Verordnung bei *Mitsilegas/Giuffrida*, Raising the bar? Thoughts on the establishment of the European Public Prosecutor's Office, Policy Insights No. 2017/39, S. 11 (20).

34 Ebenso Herrnfeld/Brodowski/Burchard/*Brodowski*, EPPO, 2021, Art. 41 Rn. 26.

35 HBB/*Brodowski* (Fn. 34), Art. 41 Rn. 45 („vis-à-vis the EPPO as a whole").

3. *Charta der Grundrechte (Art. 41 I EUStA-VO)*

Als vom jeweiligen nationalen Recht unabhängig zu garantierenden Mindeststandard[36] nennt Art. 41 I EUStA-VO die in der Charta der Grundrechte der Union „verankerten" Rechte Verdächtiger und Beschuldigter – allerdings formal adressiert an die „*Tätigkeit der EUStA*", dh nicht als subjektive Rechte des Beschuldigten formuliert. Der Hinweis „*einschließlich des Rechts auf ein faires Verfahren und der Verteidigungsrechte*" wirkt dabei ebenso plakativ wie selbstverständlich, macht aber in seiner Abstraktion schon deutlich, dass sich die Verteidigungsrechte in EUStA-Verfahren inhaltlich gerade nicht aus der EUStA-VO selbst, sondern aus einer wenig ausgefeilten Verweisungstechnik auf unionsrechtliche Rechtsquellen einerseits und auf das nationale Verfahrensrecht andererseits ergeben.

Neben den Justiziellen Rechten der Art. 47 ff. GRC (Kapitel VI) – darunter die Unschuldsvermutung (Art. 48 I GRC)[37] und die Verteidigungsrechte (Art. 48 II GRC)[38] – zählen zum strafrechtlichen Schutzgehalt der Charta auch vom Ansatz her strafrechtsneutrale Verbürgungen wie etwa Art. 1 GRC (Würde des Menschen), Art. 3 GRC (Recht auf Unversehrtheit), Art. 6 GRC (Recht auf Freiheit), Art. 7 GRC (Recht auf Privat- und Familienleben, Wohnung, Kommunikation) und Art. 8 GRC (Schutz personenbezogener Daten).

An dieser Stelle spannt Art. 41 I EUStA-VO mittelbar auch den Bogen zur EMRK, deren Garantien zur Auslegung und Konturierung der Beschuldigten- und Verteidigungsstandards der GRC heranzuziehen sind (Art. 52 III GRC), im Lichte der Judikatur des EGMR zu Art. 5 I-IV EMRK, Art. 6 I, II und III EMRK und Art. 8 EMRK.[39]

Als Schwäche in der Praxis dürfte sich erweisen, dass die EUStA-VO nicht einmal die von ihr verwendeten Begriffe des *Verdächtigen* und *Beschuldigten* näher definiert – wohl mit Rücksicht auf die im Detail auf nationaler Ebene weiterhin bestehenden Unterschiede. Gerade der Beschul-

---

36 Vgl. auch: *Pawlik/Klip*, in: Erkelens/Meij/Pawlik, The European Public Prosecutor's Office, 2014, S. 183 (190) in Bezug auf den EUStA-VO-Vorschlag.

37 Art. 47 II und Art. 48 GRC als Anknüpfung: EuGH, Urt. v. 2.2.2021, DB/Consob, C-481/19, ECLI:EU:C:2021:84, Rn. 37 (Schweigerecht).

38 Vgl. *Reale*, in: Rafaraci/Belfiore (Hrsg.), EU Criminal Justice, 2019, S. 205 (211); *Juszczak/Sason*, eucrim 2019, 66 (71).

39 Hierzu LR-StPO/*Esser*, Band 12 (EMRK), 27. Aufl. 2023; SK-StPO/*Meyer*, EMRK, 5. Aufl. 2018; *Reale*, in: Rafaraci/Belfiore (Fn. 38), S. 205 (206); *Díaz Abad*, in: Bachmaier Winter (Fn. 27), S. 235 (236); *Martin-Vignerte*, ERA-Forum 2020, 501 (503).

digtenstatus ist aber für den zeitlichen Anwendungsbereich elementarer Verteidigungsrechte von grundlegender Bedeutung (vgl. Art. 6 I, III EMRK). Neben dem nationalen Recht orientieren können und müssen – im Sinne der Gewährleistung eines unionsweiten Standards – wird sich die EUStA daher vor allem an den vom EGMR formulierten Kriterien zur strafrechtlichen *Anklage* i.S.v. Art. 6 I EMRK, die aber – aus der menschenrechtlichen Perspektive des EGMR und im Sinne eines weiten, häufig aus der Retrospektive zu beurteilenden Schutzgehaltes durchaus nachvollziehbar – gerade *alternativ* auf einen behördlichen Inkulpationsakt oder auf eine gesteigerte „Verfahrensbetroffenheit" der jeweiligen Person abstellen.[40] Für komplexe Strafverfahren, die der Zuständigkeits- und Aufgabenbereich der EUStA nun einmal mit sich bringen, ist gerade in diesem Punkt ein unionsweit verbindlicher Prüfungsansatz unabdingbar.[41]

4. *Verfahrensrechte im Unionsrecht (Art. 41 II EUStA-VO)*

Nach Art. 41 II EUStA-VO sollen jedem Verdächtigen bzw. Beschuldigten die *im Unionsrecht vorgesehenen Verfahrensrechte* garantiert sein.[42] Die zu gewährleistenden Garantien müssen dabei allerdings als *Verfahrensrechte* vorgesehen sein, und zwar *im Unionsrecht.*

---

40 EGMR (GK), Urt. v. 3.11.2022, 49812/09, Vegotex International S.A./Belgien, Rn. 150 („A 'criminal charge' exists from the moment that an individual is officially notified by the competent authority of an allegation that he has committed a criminal offence, or from the point at which his situation has been substantially affected by actions taken by the authorities as a result of a suspicion against him"); (GK), Urt. v. 9.11.2018, 71409/10, Beuze/Belgien, Rn. 119, NJW 2019, 1999; (GK) Urt. v. 12.5.2017, 21980/04, Simeonovi/Bulgarien, Rn. 110; (GK), Urt. v. 13.9.2016, 50541/08, Ibrahim u.a./UK, Rn. 249; grundlegend EGMR, Urt. v. 27.2.1980, 6903/75, Deweer/Belgien, Rn. 46; vertiefend *Gerson*, Das Recht auf Beschuldigung – Strafprozessuale Verfahrensbalance durch kommunikative Autonomie, 2016.

41 Zum (Begriff des) Beschuldigten als „prozessualer Schlüsselfigur" *Bung*, in: Hilgendorf/Kudlich/Valerius (Hrsg.), Handbuch des Strafrechts, StPO I, Bd. 7, 2020, § 18 Rn. 1 („Dreh- und Angelpunkt").

42 *Bachmaier Winter*, in: Bachmaier Winter (Fn. 27), S. 117 (133); *Csonka*, in: Bazzocchi (Hrsg.), Protecting fundamental and procedural rights from the investigations of OLAF to the future EPPO, 2014, S. 85 (88 f.).

a) Charta der Grundrechte

Die Garantien der Charta der Grundrechte sind zwar schon in Art. 5 I EUStA-VO und Art. 41 I EUStA-VO adressiert, dort allerdings nur als an die EUStA gerichtete objektive Verpflichtung. Über den Terminus „*im Unionsrecht vorgesehene Verfahrensrechte*" werden die in der Charta enthaltenen Rechte und Freiheiten hier zusätzlich in ihrer subjektiven Schutzkomponente für das EUStA-Strafverfahren abgebildet.

b) Richtlinien über die Rechte von Verdächtigen und Beschuldigten

Die von Art. 41 II lit. a)-e) EUStA-VO beispielhaft in Bezug genommenen *Richtlinien über die Rechte von Verdächtigen und Beschuldigten in Strafverfahren* umfassen die auf der Roadmap des Rates zur Stärkung der Verfahrensrechte von verdächtigen und beschuldigten Personen vom 30. November 2009 basierenden Rechtsinstrumente,[43] konkret die in den Richtlinien 2010/64/EU[44], 2012/13/EU[45], 2013/48/EU[46], (EU) 2016/343[47] und (EU) 2016/1919[48] formulierten *Rechte*, auf die sich von einem Strafverfahren betroffene und vom persönlichen Schutzbereich der Richtlinien erfasste Per-

43 Entschließung des Rates v. 30.11.2009 über einen Fahrplan zur Stärkung der Verfahrensrechte von Verdächtigen oder Beschuldigten in Strafverfahren, ABl. 2009 C 295, 1; hierzu *Esser*, FS Wolter, 2013, S. 1329 (1336 ff.).

44 Richtlinie 2010/64/EU des Europäischen Parlaments und des Rates v. 20.10.2010 über das Recht auf Dolmetschleistungen und Übersetzungen in Strafverfahren, ABl. 2010 L 280, 1.

45 Richtlinie 2012/13/EU des Europäischen Parlaments und des Rates v. 22.5.2012 über das Recht auf Belehrung und Unterrichtung in Strafverfahren, ABl. 2012 L 142, 1.

46 Richtlinie 2013/48/EU des Europäischen Parlaments und des Rates v. 22.10.2013 über das Recht auf Zugang zu einem Rechtsbeistand in Strafverfahren und in Verfahren zur Vollstreckung des Europäischen Haftbefehls sowie über das Recht auf Benachrichtigung eines Dritten bei Freiheitsentzug und das Recht auf Kommunikation mit Dritten und mit Konsularbehörden während des Freiheitsentzugs, ABl. 2013 L 294, 1.

47 Richtlinie (EU) 2016/343 des Europäischen Parlaments und des Rates v. 9.3.2016 über die Stärkung bestimmter Aspekte der Unschuldsvermutung und des Rechts auf Anwesenheit in der Verhandlung in Strafverfahren, ABl. 2016 L 65, 1.

48 Richtlinie (EU) 2016/1919 des Europäischen Parlaments und des Rates v. 26.10.2016 über Prozesskostenhilfe für Verdächtige und beschuldigte Personen in Strafverfahren sowie für gesuchte Personen in Verfahren zur Vollstreckung eines Europäischen Haftbefehls, ABl. 2016 L 297, 1.

sonen (abgesehen von den im Unionsrecht anerkannten engen Grenzen einer vertikal unmittelbaren Anwendung einzelner Bestimmungen)[49] allerdings erst nach vollständig erfolgter Umsetzung der Richtlinien im nationalen Recht und in dem dort niedergelegten unionsrechtskonformen Umfang (Verfahrensdetails) berufen können.[50]

Insbesondere für *verdeckte* Maßnahmen (TKÜ, Online-Durchsuchung, Sicherstellung bei Dritten), die viele der von der EUStA geführten Verfahren gerade in einem frühen Stadium prägen werden, bieten die im Unionsrecht vorgesehenen Verfahrensrechte aufgrund ihrer Abstraktion (selbst bei Orientierung an den durch die Judikatur des EGMR konturierten Gewährleistungen der EMRK) keinen hinreichenden Schutz: Ihre Inhalte sind fast durchgehend auf offen geführte Ermittlungen zugeschnitten.[51]

Hinzu kommt, dass die Inhalte der Richtlinien bis heute nicht vollumfänglich im nationalen Recht umgesetzt worden sind.[52] Im Ergebnis gibt es daher in den von der EUStA als Einrichtung der Union europaweit durchgehend auf nationaler Ebene geführten Strafverfahren in der europaweiten Praxis zwar eine punktuell *harmonisierte*, aber eben – anders als in einem rein innerstaatlichen Verfahren – aufgrund der landesspezifisch unterschiedlichen Ausgestaltung im Detail, keine inhaltlich durchgehend *gleichförmige* Schutzgewährleistung der Verfahrensrechte von Verdächtigen

---

49 Zu den Voraussetzungen: EuGH, Urt. v. 8.10.1987, Kolpinghuis Nijmegen, Rs. 80/86, Slg. I-3982, 3985, Rn. 7 ff. (inhaltlich unbedingt; hinreichend bestimmt; RL nicht fristgemäß oder unzureichend umgesetzt; keine Begründung von Pflichten für den Einzelnen).

50 Ebenso die Richtlinie (EU) 2016/800 des Europäischen Parlaments und des Rates v. 11.5.2016 über Verfahrensgarantien in Strafverfahren für Kinder, die Verdächtige oder beschuldigte Personen in Strafverfahren sind, ABl. 2016 L 132, 1, obwohl diese nicht ausdrücklich genannt ist. Zu dieser *Cras*, eucrim 2016, 109 ff.; *Eckel/Körner*, NStZ 2019, 433.

51 So bereits *Esser*, in: Herrnfeld/Esser (Fn. 30), § 11 Rn. 117; Schomburg/Lagodny/*Gleß/Wahl* (Fn. 27), III D 5 (EUStA-VO), Rn. 36.

52 Vgl. die Evaluation (Berichte der Kommission an den Rat) zur Umsetzung der Richtlinien in den Mitgliedstaaten: COM(2018) 857 (RL 2010/64/EU); COM (2018) 858 (RL 2012/13/EU); COM (2019) 560 (RL 2013/48/EU), COM (2021) 144 (RL [EU] 2016/343); European Union Agency for Fundamental Rights (Hrsg.), Rights in practice – Access to a lawyer and procedural rights in criminal and European arrest warrant proceedings, Sept. 2019; European Union Agency for Fundamental Rights (Hrsg.), Presumption of innocence and related rights – Professional perspectives, März 2021; Fair Trials (Hrsg.), Practitioner's Tools on EU Law: Legal Aid Directive, 11/2020; zur RL 2010/64/EU (Fn. 44), krit. auch *Oehmichen*, in: Herrnfeld/Esser (Fn. 30), § 14 Rn. 68 ff.

und Beschuldigten.[53] Ihre konkrete Ausgestaltung hängt in der Praxis maßgeblich vom nationalen Recht desjenigen Staates ab, in dem der mit dem Fall betraute DEStA seine Ermittlungen führt, was die Kriterien für die „Wahl" des betreffenden Staates (Art. 26 IV, V, 36 III EUStA-VO) seit jeher zu einem neuralgischen Punkt der Diskussion hat werden lassen.[54]

Ohne Anspruch auf Vollständigkeit seien die *wesentlichen* Inhalte der hier angesprochenen EU-Richtlinien zu den Beschuldigtenrechten kurz vorgestellt:[55]

(1) RL 2010/64/EU (Art. 41 II lit. a) EUStA-VO)

Das Recht auf Dolmetschleistungen und Übersetzungen steht verdächtigen bzw. beschuldigten Personen zu, die die Sprache des betreffenden Strafverfahrens nicht sprechen oder verstehen (Art. 2 RL 2010/64/EU).[56] Ihnen sind in jedem Stadium des Strafverfahrens, auch schon während einer (ersten) Vernehmung durch die Polizei, unverzüglich und unentgeltlich (Art. 4 RL 2010/64/EU) Dolmetschleistungen zur Verfügung zu stellen.[57] Damit die verdächtigen und beschuldigten Personen in der Lage sind, ihre Verteidigungsrechte *effektiv* wahrzunehmen, haben die Mitgliedstaaten nach Art. 3 RL 2010/64/EU sicherzustellen, dass diese Personen innerhalb einer (zur Ermöglichung einer effektiven Wahrnehmung der Verteidigungsrechte)[58] angemessenen Frist eine schriftliche Übersetzung aller *wesentlichen Unterlagen* erhalten.[59]

---

53 So bereits *Esser*, in: Herrnfeld/Esser (Fn. 30), § 11 Rn. 149; *Illuminati*, in: Bachmaier Winter (Fn. 27), S. 179 (184); vgl. auch *Weyembergh/Brière*, Towards a European Public Prosecutor's Office, Study for the LIBE Committee, S. 35; *Herrnfeld*, in: Brière/Weyembergh (Hrsg.), The Needed Balances in EU Criminal Law, S. 397 (398) bereits in Bezug auf den EUStA-VO-E.

54 Zur Gefahr eines Forum Shoppings *Satzger* (Fn. 28), § 10 Rn. 24; krit. auch *Duesberg*, NJW 2022, 596 (598); *Illuminati*, in: Bachmaier Winter (Fn. 27), S. 179 (184); *Zivic/Zandstra/Pit/Vegt-Schouten*, NJECL 2022, 1 (4 ff.); MAH Strafverteidigung/*Brodowski* (Fn. 21), § 22 Rn. 75.

55 Ausführlich bereits HBB/*Brodowski* (Fn. 34), Art. 41 Rn. 33 ff.; *Esser*, in: Herrnfeld/Esser (Fn. 30), § 11 Rn. 134 ff.

56 Vgl. *Reale*, in: Rafaraci/Belfiore (Fn. 38), S. 205 (208); *Juszczak/Sason*, eucrim 2019, 66 (71).

57 Vgl. *Cras/De Matteis*, eucrim 2010, 153 (157 f.).

58 *Martin-Vignerte*, ERA-Forum 2020, 501 (505).

59 Vgl. im Überblick *Díaz Abad*, in: Bachmaier Winter (Fn. 27), S. 235 (239 ff.); *Eisenberg*, JR 2013, 442 (443); *Kotz*, StRR 2012, 124 (126).

(2) RL 2012/13/EU (Art. 41 II lit. b) EUStA-VO)

Das Recht auf Rechtsbelehrung oder Unterrichtung (Art. 3 I RL 2012/13/EU)[60] umfasst die „umgehende"[61] Belehrung über das Recht auf Hinzuziehung eines Rechtsanwalts, den etwaigen Anspruch auf unentgeltliche Rechtsberatung und die Voraussetzungen für diese Rechtsberatung, das Recht auf Unterrichtung über den Tatvorwurf (Art. 6 RL 2012/13/EU), das Recht auf Dolmetschleistungen und Übersetzungen sowie das Recht auf Aussageverweigerung.[62]

Dem Verdächtigen oder Beschuldigten sind in Anlehnung an die Judikatur des EGMR zu Art. 6 III lit. a) und lit. b) EMRK grundlegende Informationen über den gegen ihn erhobenen strafrechtlichen Vorwurf, sowohl die relevanten Tatsachen als auch deren rechtliche Bewertung betreffend, zur Verfügung zu stellen.

Bei festgenommenen bzw. inhaftierten Beschuldigten muss die geforderte „Erklärung" ua auch Hinweise zu folgenden weiteren Rechten bzw. Informationen enthalten (Art. 4 II, III RL 2012/13/EU): Einsicht in die Verfahrensakte; Unterrichtung der Konsularbehörden im Falle der Staatsbürgerschaft eines anderen Staates und einer anderen Person über den Umstand der Freiheitsentziehung; Informationen über Möglichkeiten, die Rechtmäßigkeit der Festnahme anzufechten, eine Haftprüfung zu erwirken oder einen Antrag auf vorläufige Haftentlassung zu stellen.

Art. 7 II RL 2012/13/EU regelt ein allgemeines Akteneinsichtsrecht auch für nicht inhaftierte oder festgenommene Beschuldigte oder ihren Rechtsanwalt (Ausnahmen in Absatz 4). Art. 6 I RL 2012/13/EU hat das Recht verdächtiger oder beschuldigter Personen auf Unterrichtung über den Tatvorwurf, dh über die strafbare Handlung, derer sie verdächtigt/beschuldigt werden,[63] zum Gegenstand, und zwar umgehend und so detailliert, dass

60 Art. 3 I RL 2012/13/EU regelt zwei gesonderte Rechte, vgl. EuGH, Urt. v. 13.6.2019, Moro, C-646/17, ECLI:EU:C:2019:489, Rn. 43.

61 Dh „ab dem Zeitpunkt, zu dem der gegen sie [= die betroffenen Personen] gerichtete Verdacht es in einem anderen Kontext als dem der Dringlichkeit rechtfertigt, dass die zuständigen Behörden ihre Freiheit durch Zwangsmaßnahmen einschränken, so schnell wie möglich und spätestens vor ihrer ersten offiziellen Vernehmung durch die Polizei", EuGH, Urt. v. 19.9.2019, EP, C-467/18, ECLI:EU:C:2019:765, Rn. 53.

62 Dazu *Díaz Abad*, in: Bachmaier Winter (Fn. 27), S. 235 (241 ff.); *Reale*, in: Rafaraci/Belfiore (Fn. 38), S. 205 (209); *Juszczak/Sason*, eucrim 2019, 66 (71).

63 Zum Strafbefehl als Form dieser „Unterrichtung", die dann auch die Anforderungen dieses Artikels erfüllen muss: EuGH, Urt. v. 15.10.2015, Covaci, C-216/14,

ein faires Verfahren und eine wirksame Ausübung ihrer Verteidigungsrechte gewährleistet sind.

Spätestens mit Anklageerhebung[64] haben dann detaillierte Informationen an den Beschuldigten über den Tatvorwurf nachzufolgen (Art. 6 III RL 2012/13/EU). Änderungen müssen dem Beschuldigten zur Wahrung eines fairen Verfahrens umgehend mitgeteilt werden (Art. 6 IV RL 2012/13/EU).[65]

(3) RL 2013/48/EU (Art. 41 II lit. c) EUStA-VO)

In Anlehnung an die Vorgaben des Art. 6 III lit. b) und lit. c) EMRK regelt Art. 3 der RL 2013/48/EU das Recht verdächtiger/beschuldigter Personen auf Zugang zu einem Rechtsbeistand in Strafverfahren,[66] das Recht auf Benachrichtigung eines Dritten bei Freiheitsentzug (Art. 5 RL 2013/48/EU) sowie das Recht auf Kommunikation mit Dritten und mit Konsularbehörden (Art. 36 WÜK) während des Freiheitsentzugs (Art. 6 RL 2013/48/EU).[67]

Der Zugang zu einem Rechtsbeistand ist so rechtzeitig und in einer solchen Art und Weise zu ermöglichen, dass die betroffenen Personen ihre Verteidigungsrechte praktisch und wirksam wahrnehmen können (vgl. Art. 3 I, II 1 RL 2013/48/EU).[68]

Nach Art. 3 II RL 2013/48/EU stellen die Mitgliedstaaten sicher, dass ein Zugang zum Rechtsbeistand ab dem zuerst eintretenden der folgenden

---

ECLI:EU:C:2015:686, Rn. 61; ebenso: EuGH, Urt. v. 14.5.2020, UY, C-615/18, ECLI:EU:C:2020:376, Rn. 47.

64 Hierzu vgl. aber EuGH (GK), Urt. v. 5.6.2018, Kolev u.a., C-612/15, ECLI:EU:C:2018:392, Rn. 99.

65 Darüber hinaus müssen dem Beschuldigten oder seinem Rechtsanwalt Änderungen zum Tatvorwurf und neue Beweise so rechtzeitig mitgeteilt werden, dass diese noch die Möglichkeit haben, wirksam zu reagieren, bevor das Gericht in die abschließende Beratung eintritt; EuGH, Urt. v. 13.6.2019, Moro (Fn. 60), Rn. 52.

66 Anwendung findet die RL 2013/48/EU auch auf Verfahren zur Vollstreckung eines Europäischen Haftbefehls sowie auf Fälle der psychiatrischen Unterbringung aus Anlass einer Straftat: EuGH, Urt. v. 19.9.2019, EP, C-467/18, ECLI:EU:C:2019:765, Rn. 46.

67 Richtlinie 2013/48/EU (Fn. 46); zum Ganzen: *Díaz Abad*, in: Bachmaier Winter (Fn. 27), S. 235 (244 ff.); *Juszczak/Sason*, eucrim 2019, 66 (71).

68 Vgl. *Soo*, EuCLR 2016, 284 (289).

Zeitpunkte garantiert ist:[69] a) *vor* der Befragung durch die Polizei oder andere Strafverfolgungs- oder Justizbehörden (dazu zählt die EUStA); b) ab der Durchführung einer „Identifizierungsgegenüberstellung“, „Vernehmungsgegenüberstellung“ oder „Tatortrekonstruktion“; c) unverzüglich[70] nach dem Entzug der Freiheit; d) wenn der Beschuldigte vor ein in Strafsachen zuständiges Gericht geladen wurde, rechtzeitig bevor der Beschuldigte vor diesem erscheint.

Für Verfahren der EUStA praktisch relevant werden wird dabei die in Art. 3 V RL 2013/48/EU vorgesehene Möglichkeit der Einschränkung des Zugangsrechts bei einer Freiheitsentziehung (Art. 3 III lit. c) RL 2013/48/EU), wonach unter außergewöhnlichen Umständen von der Zugangsgewährung abgewichen werden kann, wenn es aufgrund der geografischen Entfernung des Beschuldigten nicht möglich ist, das Recht auf Zugang zu einem Rechtsbeistand unverzüglich nach dem Entzug der Freiheit zu gewährleisten. Da die RL 2013/48/EU, wie alle anderen Richtlinien zu den Verfahrensrechten auch, nicht auf ein EUStA-Verfahren zugeschnitten ist, bei dem die Ermittlungen in der Regel mehrere Mitgliedstaaten tangieren werden (vgl. Art. 31 EUStA-VO), andererseits aber dem Beschuldigten in allen der von dem *einen* Verfahren betroffenen Staaten ein effektives Zugangsrecht zum Verteidiger garantiert sein muss, wird diese Ausnahmeregelung faktisch kaum zur Anwendung kommen können.[71]

Dem mit einer solchen Regelung des Zugangsrechts zum Verteidiger verbundenen Risiko der Umgehung zentraler Verteidigungsstandards soll Art. 8 RL 2013/48/EU „Allgemeine Bedingungen für die Anwendung vorübergehender Abweichungen“ vorbeugen, der zugleich den absoluten Ausnahmecharakter einer solchen Einschränkung deutlich macht.[72]

Vom „Zugang“ zum Rechtsbeistand ist das Recht umfasst, mit dem Rechtsbeistand unter vier Augen zusammenzutreffen und mit ihm vertraulich (Art. 4 RL 2013/48/EU) zu kommunizieren, explizit auch vor der (ersten) Befragung durch die Polizei oder durch andere Strafverfolgungs- oder

69 Vgl. hierzu auch *Mols*, NJECL 2017, 300 f.; *Symeonidou-Kastanidou*, EuCLR 2015, 68 (73).

70 Die „Unverzüglichkeit“ („undue delay“) wird nach dem allgemeinen Hinweis in Art. 3 I RL wiederholt; kritisch zur Unbestimmtheit *Symeonidou-Kastanidou*, EuCLR 2015, 68 (73 f.).

71 Ähnlich HBB/*Brodowski* (Fn. 34), Art. 41 Rn. 44 („apply in all involved Member States“).

72 EGMR (GK), Urt. v. 9.11.2018, 71409/10, Beuze/Belgien, Rn. §§ 142 ff., NJW 2019, 1999 („compelling reasons“); (GK), Urt. v. 13.9.2016, 50541/08, Ibrahim u.a./UK, Rn. 258 ff.

Justizbehörden (Absatz 3 lit. a) RL 2013/48/EU; „Verteidiger der ersten Stunde").[73] Sicherzustellen ist, dass der Rechtsbeistand bei der (jeder) Befragung (des Beschuldigten) zugegen sein und an ihr *wirksam teilnehmen* kann; die Teilnahme ist dabei schriftlich zu protokollieren (Art. 3 III lit. b) RL 2013/48/EU).

Der Rechtsbeistand muss mindestens den zentralen Ermittlungs-/ Beweiserhebungshandlungen „Identifizierungsgegenüberstellung", „Vernehmungsgegenüberstellung" und „Tatortrekonstruktion" „beiwohnen" können, wenn die Anwesenheit des Verdächtigen/Beschuldigten selbst bei den betreffenden Handlungen dort vorgeschrieben oder zulässig ist.

Von der „Anwendung" der nach Art. 3 III RL zu gewährenden Rechte kann nur abgewichen werden, *wenn* dies angesichts der besonderen Umstände des jeweiligen Falles durch einen *zwingenden Grund* gerechtfertigt ist (Art. 3 VI RL 2013/48/EU).

In der RL 2013/48/EU selbst ist nicht ausdrücklich geregelt, inwieweit nach Form und Umfang das Recht auf Zugang zur Verteidigung auch in einem grenzüberschreitenden Strafverfahren gewährleistet sein muss, etwa dann, wenn fallrelevante Beweise (auch) in einem anderen Mitgliedstaat erhoben werden (vgl. Art. 31 EUStA-VO).[74] Auch die Konstellation, dass der Beschuldigte einen Verteidiger bestellt oder beigeordnet erhält, der anwesend ist, während eine Ermittlungsmaßnahme (insbesondere eine Vernehmung) in einem anderen Mitgliedstaat durchgeführt wird, ist der Richtlinie als Regelungsmaterie unbekannt,[75] was nochmals ihren fragmentarischen Charakter belegt.

(4) RL (EU) 2016/343 (Art. 41 II lit. d) EUStA-VO)

Die RL (EU) 2016/343 normiert ua das Recht auf Aussageverweigerung (Art. 7) und die Unschuldsvermutung (Art. 3). Die Mitgliedstaaten haben nach Art. 5 RL (EU) 2016/343 sicherzustellen, dass Verdächtige und beschuldigte Personen vor Gericht oder in der Öffentlichkeit nicht durch den Einsatz physischer Zwangsmaßnahmen als nach dem äußeren Eindruck schuldig dargestellt werden.[76] Ferner dürfen Beschuldigte bis zum rechtsförmlichen Nachweis ihrer Schuld, wobei die Beweislast bei den

---

73 *Reale*, in: Rafaraci/Belfiore (Fn. 38), S. 205 (210); *Soo*, EuCLR 2016, 284 (289); *Vetter*, Verteidigerkonsultation im Ermittlungsverfahren, 2018.

74 Vgl. *Bachmaier Winter*, in: Bachmaier Winter (Fn. 27), S. 117 (133).

75 *Bachmaier Winter*, in: Bachmaier Winter (Fn. 27), S. 117 (134).

76 Vgl. dazu *Reale*, in: Rafaraci/Belfiore (Fn. 38), S. 205 (210 f.).

Strafverfolgungsbehörden liegt (Art. 6 I RL [EU] 2016/343), auch nicht in öffentlichen behördlichen Erklärungen oder gerichtlichen Entscheidungen als schuldig bezeichnet werden (Art. 4 I RL [EU] 2016/343).[77]

(5) RL (EU) 2016/1919 (Art. 41 II lit. e) EUStA-VO)

Das Recht auf Prozesskostenhilfe nach den Vorgaben der RL (EU) 2016/1919[78] vermittelt Beschuldigten, die nicht über ausreichende Mittel zur Bezahlung eines Rechtsbeistands verfügen, einen Anspruch auf finanzielle Unterstützung. Bei der Beurteilung eines optional nach nationalem Recht hierfür erforderlichen „Interesses der Rechtspflege" (Art. 4 I, II RL [EU] 2016/1919) ist stets zu berücksichtigen, dass mit der EUStA eine trotz ihrer Unabhängigkeit immer auch im rechtspolitischen Kontext agierende (Schutz der finanziellen Interessen der Union) und daher am Ermittlungserfolg orientierte Einrichtung der Union die Strafverfolgung betreibt, die im Gegensatz oder jedenfalls in einem deutlich stärkeren Maße „Ergebnisse", um nicht zusagen „Erfolge", vorweisen muss, um die in sie investierten Ressourcen an Personal und Finanzen zu rechtfertigen, aber auch um weitere Mitgliedstaaten von einer Teilnahme zu überzeugen. Die EUStA ist ein Vorzeigeprojekt der Europäischen Union, das seine Arbeit auch medienwirksam dokumentiert, etwa über die in regelmäßigen „News" auf der Homepage mitgeteilten Ermittlungserfolge.

Die Notwendigkeit eines Verteidigerbeistands ist regelmäßig schon aufgrund der – sich schon im ersten EUStA-Jahresbericht abzeichnenden – „wesenstypischen" Komplexität eines EUStA-Verfahrens gegeben. Ausschlaggebende Kriterien sind grenzüberschreitende Ermittlungen in verschiedenen nationalen Rechtsordnungen sowie sprachliche Barrieren. Daneben dürfte den Beschuldigten bei einem Schuldnachweis regelmäßig die Verhängung einer Freiheitsstrafe drohen;[79] meist wird es sich schon in einem frühen Ermittlungsstadium um sog. Haftsachen handeln.

Art. 6 I RL (EU) 2016/1919 verlangt, dass Entscheidungen über die Bewilligung oder Ablehnung von Prozesskostenhilfe (PKH) und über die Bestellung von Rechtsbeiständen unverzüglich von einer zuständigen Behör-

---

77 Näher EuGH, Urt. v. 5.9.2019, AH u.a., C-377/18, EU:C:2019:670, Rn. 36 ff.; Urt. v. 12.2.2019, RH, C-8/19 PPU, EU:C:2019:110, Rn. 49 ff.

78 Zur Umsetzung *Meyer-Mews*, ZRP 2019, 5; *Tully/Wenske*, NStZ 2019, 183.

79 In diesem Sinne: HBB/*Brodowski* (Fn. 34), Art. 41 Rn. 50 („will easily pass the merits test").

de zu treffen sind. Über Anträge ist mit Sorgfalt und unter Wahrung der Rechte der Verteidigung zu entscheiden.[80]

Art. 7 I RL (EU) 2016/1919 fordert eine angemessene Qualität der PKH-finanzierten Unterstützungsleistungen, um auf diese Weise die Fairness des von der EUStA geführten Verfahrens zu wahren, wobei die Unabhängigkeit der Rechtsberufe gebührend zu achten ist.[81] Bei fehlender Qualität der Rechtsberatung eines bestellten Verteidigers muss der Beschuldigte in Anlehnung an die Rechtsprechung des EGMR zu Art. 6 III lit. c) EMRK[82] eine Auswechslung des Verteidigers herbeiführen können (Art. 7 IV RL [EU] 2016/1919).

5. *Umfassende Geltung nationaler Verfahrensrechte (Art. 41 III EUStA-VO)*

Die EUStA-VO verweist hinsichtlich der von der EUStA dezentral über ihre DEStA in den nationalen Rechtsordnungen anzuwendenden Verfahrensrechte zwar auf „Verfahrensrechte im Unionsrecht" (Art. 41 II EUStA-VO), deren Gehalt sich aber weitgehend erst aus umsetzungspflichtigen *Richtlinien* erschließt, und die zudem inhaltlich lediglich „hinsichtlich des zu erreichenden Ziels" verbindlich sind.[83] So verbleibt dem nationalen Gesetzgeber innerhalb des durch die Richtlinie abgesteckten Rahmens im Detail stets eine gewisse „Wahl der Form und der Mittel" (vgl. Art. 288 III AEUV).[84]

Es ist daher unabdingbar, dass „Verdächtige und Beschuldigte sowie andere an Verfahren der EUStA Beteiligte"[85] über die im Unionsrecht vorgesehenen Verfahrensrechte hinaus „alle Verfahrensrechte [haben], die ihnen

---

80 Zur Umsetzung der RL in Deutschland *Zink*, Autonomie und Strafverteidigung zwischen Rechts- und Sozialstaatlichkeit, Das deutsche Modell notwendiger Verteidigung im Lichte der Prozesskostenhilfe-Richtlinie (RL (EU) 2016/1919), 2019.

81 Hierzu *Cras*, eucrim 2017, 34 (42 f.).

82 LR-StPO/*Esser* (Fn. 39), EMRK, Art. 6 Rn. 1096 ff.

83 Bedenken bereits bei *Esser*, in: Herrnfeld/Esser (Fn. 30), § 11 Rn. 146.

84 Kritisch hierzu Schomburg/Lagodny/*Gleß*/*Wahl* (Fn. 27), III D 5 (EUStA-VO), Rn. 37.

85 Durch die Erweiterung des persönlichen Schutzbereichs über Verdächtige und Beschuldigte hinaus auf andere an Verfahren der EUStA Beteiligte (hierzu *Esser*, in: Herrnfeld/Esser [Fn. 30], § 11 Rn. 215) geht der persönliche Schutzgehalt des Art. 41 III EUStA-VO sogar weiter als der offizielle Titel des Art. 41 EUStA-VO es vermuten lässt.

das geltende nationale Recht zuerkennt".[86] Dieser Pauschalverweis des Art. 41 III EUStA-VO auf das nationale Recht will sicherstellen, dass ein durch die EUStA als unabhängige Einrichtung der Union (Art. 3 I, II EUStA-VO) in einem Mitgliedstaat geführtes Strafverfahren insgesamt nicht zu einer Absenkung der dort geltenden nationalen Verteidigungsstandards führt.

Als über den unionsrechtlichen Gehalt (Art. 41 II EUStA-VO) hinaus *inhaltlich* zu gewährleistende Verfahrens*rechte* nennt Art. 41 III EUStA-VO beispielhaft („einschließlich") die „*Möglichkeit*", Beweismittel beizubringen, zu beantragen, dass Sachverständige bestellt bzw. vernommen und Zeugen gehört werden, und die EUStA aufzufordern, derartige Maßnahmen im Namen der Verteidigung zu erwirken – dies allerdings immer unter der Bedingung, dass die betreffenden Teilhabe-, Beteiligungs- und Gestaltungsrechte im „nationalen Recht" dem jeweiligen Verfahrensbeteiligten entsprechend „zuerkannt" werden.

Bei der Frage, welche nationalen Verfahrensvorschriften und damit auch Rechte in einem Verfahren der EUStA Anwendung finden *können*, ist zudem Art. 5 III 2 EUStA-VO zu beachten.[87] Konzeptionell haben die Bestimmungen der EUStA-VO stets Vorrang vor etwaig entgegenstehendem nationalem Recht.[88] Die Operabilität der EUStA-VO wird dabei auf nationaler Ebene durch das Gesetz zur Durchführung der Verordnung (EU) 2017/1939 [...] v. 10.7.2020 gewährleistet.[89] Soweit also ein Verfahrensrecht in der Verordnung nicht schon unionrechtlich über Art. 41 II EUStA-VO abgebildet wird, ist das nationale Recht anwendbar.

---

86 Vgl. ErwG 85 S. 2 EUStA-VO; kritisch dazu, dass sich die Beschuldigtenrechte innerhalb der ErwG erst im hinten Teil der VO wiederfinden, *Reale*, in: Rafaraci/Belfiore (Fn. 38), S. 205 (206).

87 Vgl. zur Einschränkung des nationalen Rechts aufgrund des Anwendungsvorrangs des EU-Rechts *Elholm*, MJECL (MJ) 2021, 212 (222 f.).

88 Gesetzentwurf der Bundesregierung – Entwurf eines Gesetzes zur Durchführung der Verordnung (EU) 2017/1939 des Rates vom 12.10.2017 zur Durchführung einer Verstärkten Zusammenarbeit zur Errichtung der Europäischen Staatsanwaltschaft und zur Änderung weiterer Vorschriften, BT-Drs. 19/17963, 49.

89 Gesetz zur Durchführung der Verordnung (EU) 2017/1939 des Rates vom 12.10.2017 zur Durchführung einer Verstärkten Zusammenarbeit zur Errichtung der Europäischen Staatsanwaltschaft und zur Änderung weiterer Vorschriften v. 10.7.2020, BGBl. I 1648. Parallel zum Erlass des Europäische-Staatsanwaltschaft-Gesetzes (EUStAG) als Stammgesetz zur „Ausführung" der EUStA-VO in Deutschland (Art. 1) hatte das als Artikelgesetz konzipierte „Durchführungsgesetz" auch Neuregelungen bzw. Anpassungen im GVG und der StPO zur Folge.

Nicht geklärt ist dagegen, ob nationales Recht auch dann anwendbar bleibt, wenn die EUStA-VO ein bestimmtes Verfahrensrecht über den Bezug auf das Unionsrecht in Art. 41 II EUStA-VO (teilweise) abbildet, aber keine *abschließende* Regelung trifft. Art. 41 III EUStA-VO wird man so interpretieren müssen, dass dann (ergänzend) das nationale Verfahrens*recht* gilt, *soweit* es in seiner konkreten Ausgestaltung den unionsrechtlichen Standards nicht widerspricht.

Die von Art. 41 III EUStA-VO intendierte Gleichförmigkeit der Verfahrens*rechte* in rein nationalen Strafverfahren und EUStA-Verfahren ist aufgrund des dezentralen Ansatzes der Verfolgungstätigkeit der EUStA richtig und notwendig – der Ansatz geht aber stillschweigend von der Gleichartig- und Gleichförmigkeit der beiden *Verfahrenstypen* aus, was aufgrund des bereits beschriebenen grenzüberschreitenden Charakters der EUStA-Ermittlungen, speziell wegen der direkten Zugriffsmöglichkeit auf Beweise im Ausland (Art. 31 EUStA-VO) und deren proklamierter Verwertbarkeit (Art. 37 EUStA-VO), gerade nicht der Fall ist.

Zwar gibt es auch schon jetzt auf rein nationaler Ebene Verfahren, die mit transnationalen Ermittlungen verbunden sind und in denen (neben ggf. anwendbaren unionsrechtlichen Verfahrensrechten) auch nur die nationalen Rechtsstandards gelten – aber genau in diesen Verfahren beklagt die Verteidigung schon jetzt, dass die Regeln der *nationalen* (speziell der deutschen) Strafprozessordnungen auf derartige Verfahren nur unzureichend zugeschnitten sind. Die Problematik Auslandszeuge (§ 244 V 2 StPO) sei hier nur plakativ erwähnt.[90]

Erreicht wird durch den Verweis in Art. 41 III EUStA-VO zudem lediglich, dass Art und Umfang der Verfahrensrechte bezogen auf den jeweiligen EU-Mitgliedstaat sowohl für die dort rein innerstaatlich geführten Verfahren als auch für die dort von der EUStA geführten Verfahren identisch sind. Ganz anders sieht die Sache aber aus, wenn man den Blick auf die EU-Mitgliedstaaten in ihrer Gesamtheit wirft, zumal nicht selten mehrere Staaten durch *ein* von der EUStA grenzüberschreitend geführtes Verfahren in Form der geforderten Durchführung von Ermittlungsmaßnahmen tangiert sein werden.[91]

Im transnationalen Kontext bleibt die Aussagekraft des Art. 41 III EUStA-VO inhaltlich zudem insoweit unscharf, als die Formulierung „das geltende nationale Recht“ es offenlässt, ob damit nur das Recht des

---

90 Vertiefend *Thörnich*, Der Auslandszeuge im Strafprozess, 2020; MAH Strafverteidigung/*Brodowski* (Fn. 21), § 22 Rn. 38–42.

91 Kritisch auch HBB/*Brodowski* (Fn. 34), Art. 41 Rn. 1.

Staates gemeint ist, in dem ein DEStA das Verfahren führt, oder ob bei grenzüberschreitenden Ermittlungen auch das nationale Recht anderer durch das Verfahren involvierter Mitglied- und Drittstaaten (Art. 104 EUStA-VO) im Sinne einer Meistbegünstigung zusätzlich beachtlich ist und dem Beschuldigten auch dort die lokalen Verfahrensrechte zusichert.

Die durch den Verweis der EUStA-VO auf das nationale Recht von Anfang an befürchtete Rechtsunsicherheit bei der konkreten Gewährleistung der Verteidigungsrechte[92] wird bei einem Blick auf die ersten EUStA-Verfahren in der Praxis durch die bereits beschriebene „Mängelliste" bestätigt.

V. *Transnationale Effektivität vs. Rechtsstaatlichkeit der Verfahrensführung: ein Zielkonflikt?*

1. *Internationalisierung der Ermittlungen als Kernelement intendierter Effektivität der Strafverfolgung*

Zentralgestalt jedes EUStA-Strafverfahrens ist der mit der Verfahrensführung betraute DEStA (Art. 3 I, II EUStA-VO), der Ermittlungsmaßnahmen entweder selbst treffen oder die zuständigen Behörden seines Mitgliedstaates unter Beachtung der nationalen Zuständigkeiten zu solchen anweisen kann (Art. 28 I 1 EUStA-VO).

Neben Ermittlungen im Mitgliedstaat des DEStA sieht der immerhin acht Absätze umfassende Art. 31 EUStA-VO explizit die Möglichkeit „Grenzüberschreitende[r] Ermittlungen" vor – ohne dass die EUStA als „unteilbare Einrichtung" und „einheitliche Behörde" (Art. 8 I EUStA-VO) hierfür zwischenstaatlicher Instrumente der gegenseitigen Anerkennung bedarf oder diese zurate ziehen müsste, wie etwa die Europäische Ermittlungsanordnung (EEA). Auf diese Elemente soll und muss der DEStA nur „hilfsweise" zurückgreifen (vgl. Art. 31 VI EUStA-VO).[93]

All dies nicht ohne Grund: Mit der EUStA sollte eine schlagkräftige, unabhängige Einrichtung der Union geschaffen werden, die effektiv euro-

92 Vgl. *Esser*, StV 2014, 494 (503); krit. auch *Illuminati*, in: Bachmaier Winter (Fn. 27), S. 179 (185); *Reale*, in: Rafaraci/Belfiore (Fn. 38), S. 205 (207); *Mitsilegas*, MJECL (MJ) 2021, 245 (254).

93 Vgl. Decision of the College of the EPPO v. 26.1.2022 – Adopting Guidelines of the College of the EPPO on the Application of Article 31 […], Nr. 1: „Article 31 of the EPPO Regulation creates a self-standing, *sui generis*, legal basis for the EPPO cross-border investigations", Nr. 11: *„new legal framework"*.

paweit Strafverfahren zum Nachteil der finanziellen Interessen der Union verfolgen können soll – ohne eben in ihren Ermittlungen und Beweiserhebungen auf bisweilen immer noch schwerfällige Anfrage-, Auskunfts- und Herausgabesysteme nach dem Prinzip der gegenseitigen Anerkennung angewiesen zu sein.[94]

Diesen die bisherige im Unionsrecht angelegte zwischenstaatliche Zusammenarbeit weiterführenden und damit „neuen" Ansatz gebietet im Grunde schon das Subsidiaritätsprinzip (Art. 5 III EUV), denn ohne den gelebten Anspruch, „es [den Schutz der finanziellen Interessen der Union] besser zu können" als die nationalen Verfolgungsbehörden, hat die EUStA keine unionsrechtliche Daseinsberechtigung.

Dem muss, will und wird die EUStA nun in ihrer Verfahrensführung täglich gerecht werden; erlaubt sei hier nochmals der Hinweis auf die Presse- und Medienarbeit („News") nebst der dort mitgeteilten Ermittlungserfolge. Auf das „scharfe Schwert" der EUStA haben nicht nur Haushaltshüter, sondern auch engagierte Strafverfolger in vielen europäischen Staaten lange gewartet – jetzt wird es gezogen – was angesichts der für eine Zuständigkeit der EUStA in Rede stehenden erheblichen Straftaten vom Ansatz her auch richtig ist, aber eben auch nichts daran ändert, dass die Verfahrensrechte des Beschuldigten entsprechend „mitgezogen" werden müssen.

Die Beweisgewinnung im Besonderen ist in EUStA-Verfahren ebenfalls durch unverhohlene Elemente der Internationalisierung charakterisiert und in ihren Abläufen durch die EUStA-VO zumindest vorgezeichnet. So sollen gewonnene Beweise[95] nicht allein deshalb als unzulässig abgelehnt und mit einem Verwertungsverbot belegt werden können, weil sie in einem anderen Mitgliedstaat oder nach dessen Recht erhoben wurden (Art. 37 I EUStA-VO). Solche Formen grenzüberschreitender Beweisgewinnung und die anschließende Verwertung gewonnener „ausländischer" Beweise (auch als rechtliches *Problem*, ansonsten bedürfte es der Regelung nicht) hat die EUStA-VO also fest im Blick.

---

94 Sehr offen in diesem Punkt die EPPO-Guidelines (Fn. 93), Nr. 4: „[...] with the aim to find the most effective and efficient ways of carrying out the respective cross-border investigation, avoiding unnecessary bureaucratic burden and ensuring a cost and time-effective mechanism."

95 Näher zur Zulässigkeit von EUStA-Beweisen (bezugnehmend auf den KOM-Entwurf), vgl. *Csúri*, in: Kert/Lehner (Hrsg.), Vielfalt des Strafrechts im internationalen Kontext, FS Höpfel, 2018, S. 681 (687 ff.), der ua auch einen umfassenderen Rückgriff auf die EEA bei den Ermittlungen der EUStA als wünschenswert erachtet hätte.

Bemerkenswert ist zudem, dass schon Art. 86 III AEUV als schmal gehaltene gesetzliche Grundlage für den konkreten Inhalt der zu schaffenden EUStA-VO „Regeln für die Zulässigkeit von Beweismitteln" (im Gegensatz zu den Beschuldigtenrechten) als Regelungsgegenstand explizit erwähnt – womit im Kern realistischerweise keine europaweite Vereinheitlichung nationaler Beweisverwertungsregeln einhergehen sollte (insoweit bestünde jedenfalls über Art. 86 AEUV keine unionsrechtliche Kompetenz; vgl. den spezielleren Art. 82 II UAbs. 2 lit. a) AEUV), sondern nur die Erhebung und Verwertung ausländischer bzw. grenzüberschreitender Beweise gemeint sein kann.

Vor dem Hintergrund einer über verschiedene Stellschrauben (Art. 31, 37 EUStA-VO sind nur zwei davon) angestrebten Effektivität der EUStA-Verfahren ist es dann nur allzu verständlich, dass die EUStA-VO sowohl auf die Institutionalisierung eines „Europäischen Strafverteidigers" (so weit hätte auch die Regelungskompetenz des Art. 86 III AEUV nicht getragen) als auch auf die Festschreibung inhaltlich konkreter *europäischer* Verteidigungsstandards verzichtet und es bei einem Verweis auf die im „Unionsrecht vorgesehenen Verfahrensrechte" (Art. 41 II EUStA-VO) belassen hat.

2. *Rechtsstaatliche Prinzipien für eine effektive Verteidigung als Gestaltungsauftrag*

Neben der angestrebten Effektivität seiner (grenzüberschreitenden) Ermittlungen hat jeder DEStA bei seiner Verfahrensführung auch elementare rechtsstaatliche Grundsätze einzuhalten und *alle* Arten von Beweisen zu erheben, sowohl belastende als auch entlastende;[96] dies von Amts wegen oder auf Antrag der Verteidigung (vgl. Art. 5 IV EUStA-VO; ErwG 65).

Der Anspruch, diesen Anforderungen der Rechtsstaatlichkeit Rechnung zu tragen, gilt in einem ganz besonderen Maße, wenn die zuständige Kammer zur Anklage vor dem Gericht eines *einzigen* Mitgliedstaats beschließt, mehrere Verfahren grenzüberschreitend miteinander zu verbinden, in denen Ermittlungen von verschiedenen DEStA in verschiedenen Ländern gegen dieselbe(n) Person(en) geführt worden sind (Art. 36 IV EUStA-VO).[97]

---

96 Dazu *Illuminati*, in: Bachmaier Winter (Fn. 27), S. 179 (190 f.).

97 Einzige Bedingung ist, dass der zur Anklage ausgewählte Staat nach seinem Recht für jedes dieser Verfahren Gerichtsbarkeit hat; kritisch bereits *Esser*, in: Herrnfeld/Esser (Fn. 30), § 12 Rn. 85; *Oehmichen*, in: Herrnfeld/Esser (Fn. 30), § 14 Rn. 66; hierzu auch *Hecker* (Fn. 15), § 13 Rn. 52.

Art. 5 I EUStA-VO formuliert zwar als Selbstverpflichtung den Anspruch an die EUStA, die Grundrechte und Grundsätze, die in Art. 6 EUV und in der Charta der Grundrechte der Union anerkannt werden, zu wahren (vgl. ErwG 80 S. 2 EUStA-VO). Einbezogen sind damit über Art. 6 III EUV auch die EU-Grundfreiheiten und die Garantien der EMRK.[98] Besondere Erwähnung finden durch ErwG 83 EUStA-VO – unter Hinweis auf Art. 47 und Art. 48 GRC – der Grundsatz des fairen Verfahrens, die Verteidigungsrechte des Beschuldigten und die Unschuldsvermutung – indes: Abgesehen vom Grundsatz *ne bis in idem* (Art. 50 GRC) ist der jeweilige *sachliche Schutzgehalt* dieser Grundsätze *im Kern* auf rein national geführte Strafverfahren ausgerichtet.

Auch die Judikatur des EGMR, die sich zur inhaltlichen Konturierung der „im Unionsrecht vorgesehenen Verfahrensrechte" heranziehen ließe, liefert hier noch wenig Ergiebiges: Zwar war auch der EGMR schon vereinzelt mit Fragen der Fairness einer Beweiserhebung im transnationalen Kontext befasst;[99] allein die auch im Verfahren der Individualbeschwerde jeweils notwendige einzelstaatliche Zurechnung eines grenzüberschreitenden hoheitlichen Handelns (Art. 1 EMRK) verdeutlicht die traditionell nationalstaatliche Ausrichtung der Verfahrensrechte – auch im Regelungsgefüge der EMRK.

Das geltende nationale Strafverfahrensrecht der EU-Mitgliedstaaten ist für Ermittlungen im grenzüberschreitenden Kontext nicht ausreichend präpariert – sowohl was Eingriffsgrundlagen als auch Verfahrensrechte betrifft – das beklagen Strafverfolger und Verteidiger gleichermaßen. Es sind daher nicht ohne Grund die Regeln der Rechtshilfe, die diese Lücke mehr schlecht als recht stopfen. Dass das Rechtshilferecht traditionell gerade nicht zum Strafverfahrensrecht zählt, machen schon die Begrifflichkeiten deutlich (vgl. etwa § 40 IRG – Beistand vs. § 137 StPO – Verteidiger).

Für eine *der* rechtsstaatlichen Kernfragen, der Verwertung von Beweisen,[100] die aus einem anderen Mitgliedstaat stammen oder nach dem Recht eines anderen Mitgliedstaates erhoben wurden, schließt der bereits angesprochene Art. 37 I EUStA-VO die Annahme eines Verwertungsverbotes schon dann aus, wenn nach der Auffassung und „freien Würdigung" des über

98 Zu deren steigender Bedeutung im Strafverfahren *Safferling/Rückert*, NJW 2021, 287 ff.

99 EGMR, Urt. v. 27.10.2011, 25303/08, Stojkovic/Frankreich u. Belgien, NJW 2012, 3709.

100 Näher zur Zulässigkeit von EUStA-Beweisen (zum KOM-Entwurf) *Csúri*, FS Höpfel (Fn. 95), S. 681 (687 ff.), der einen Rückgriff auf die EEA bei den grenzüberschreitenden Ermittlungen der EUStA befürwortet.

die Verwertung entscheidenden Prozessgerichts (Art. 37 II EUStA-VO) mit der Zulassung der Beweise die Fairness des Verfahrens (Art. 47 II GRC / Art. 6 I EMRK) und die Verteidigungsrechte des Verdächtigen oder Beschuldigten nach der Charta der Grundrechte gewahrt sind (Art. 48 II GRC; Art. 6 III lit. b), c) EMRK; ErwG 80 S. 1 EUStA-VO). Das klingt beruhigend – bleibt aber inhaltlich im Vagen und in der Praxis eine wenig griffige Barriere (Stichwort: EncroChat).

Diese bewusst abstrakt gehaltene und damit im Ergebnis auch in der Praxis niedrige Prüfungs- und Verwertungshürde eröffnet der EUStA letztlich einen europaweiten „Raum der Beweisgewinnung", dh einen Zugriff auf „Beweise ohne Grenzen" – aber eben auch ohne europaweit harmonisierte Erhebungsstandards (dies gilt selbst für klassische Eingriffs- und Überwachungsmaßnahmen wie etwa die Durchsuchung oder die TKÜ), ohne ein mühsames Anordnungs- und Vollstreckungsverfahren und ohne verbindliche („harte") Verwendungs- und Verwertungsregeln.

Das EUStA-Verfahren stellt daher in diesem Punkt ein ebenso neuartiges, rechtsstaatlich herausforderndes „Experimentierfeld" für intendiert effektive grenzüberschreitende Ermittlungen dar, das keinen Rückgriff auf Instrumente wie die EEA erfordert, die für die Vollstreckung von aus dem Ausland kommenden Anordnungen zwar nur wenige, aber immerhin doch ein paar „Hindernisse" vorsieht (vgl. Art. 11 RL-EEA). Dies alles geschieht auf der Basis eines dafür bislang für grenzüberschreitende Verfahren untauglichen nationalen Strafverfahrensrechts in den an einem solchen Verfahren beteiligten Mitgliedstaaten, deren Zahl durchaus stattlich sein kann[101] – kurzum, die besonderen Herausforderungen einer *grenzüberschreitenden* Verteidigung negiert das derzeitige Gesamtkonzept des Art. 41 EUStA-VO nahezu vollständig.[102]

3. *Das Dilemma auf den Punkt gebracht: Unzureichende Verteidigungsrechte im internationalisierten Strafverfahren der EUStA*

Die Rechtsstaatlichkeit von EUStA-Verfahren ist nicht trotz, sondern gerade wegen der durch die EUStA-VO neu eingeschlagenen Wege der

---

101 Kritisch auch *Wirth*, Die Europäische Staatsanwaltschaft, 2022, S. 344. Vgl. zu den Spezifika transnationaler Verteidigung (Ziele, Kreativität, Sprache) MAH Strafverteidigung/*Brodowski* (Fn. 21), § 22 Rn. 17–21.

102 Vgl. *Wirth* (Fn. 101), S. 354 f. („Dysfunktionalität und Ineffektivität hinsichtlich des Wahrens von Beschuldigtenrechten"; „unterminiert … Beschuldigtenrechte").

Internationalisierung in Form einer (form)erleichterten grenzüberschreitenden Zusammenarbeit, Beweisgewinnung und Beweisverwertung uneingeschränkt zu gewährleisten. In den Details bleibt die EUStA-VO hier viele Antworten und Inhalte schuldig, die auch der EuGH nur ansatzweise über entsprechende Vorlageverfahren liefern können wird – die Vorlagewilligkeit nationaler Gerichte hier einmal unterstellt.

Der nach wie vor bestehende Mangel an Harmonisierung bei strafprozessualen Ermittlungsmaßnahmen und die dortige Verankerung von Verteidigungs- und Beschuldigtenrechten sowie die Vielzahl unterschiedlicher nationaler Regelungssysteme (Art. 41 III EUStA-VO) – abhängig von der Anzahl der durch ein einzelnes Verfahren tangierten Staaten und DEStA – bringen den Beschuldigten und seinen Verteidiger in eine nur schwer einschätzbare Verfahrensposition.

Damit einher geht der bereits angesprochene Kritikpunkt, dass die EUStA-VO den Zeitpunkt, ab welchem Grad des Verdachts (Art. 26 EUStA-VO; § 152 II StPO) eine Person einen formellen Beschuldigtenstatus und die damit einhergehenden Rechte erhalten muss, in den einzelnen Mitgliedstaaten nicht einheitlich regelt.[103] Auch das *Unionsrecht* gewährt einer Person nur dann die Privilegien eines Rechtsbeistands, ein Aussageverweigerungsrecht und eine Selbstbelastungsfreiheit,[104] wenn sie bei der Befragung durch die Polizei oder eine andere Strafverfolgungsbehörde im Rahmen eines Strafverfahrens verdächtig ist oder beschuldigt wird.[105] Die in Art. 41 II EUStA-VO genannten Richtlinien machen zu diesem Punkt nur Mindestvorgaben,[106] die aus einem unter den Mitgliedstaaten erzielten Kompromiss hervorgingen.[107]

Dabei stellen die Effektivität und die Rechtsstaatlichkeit der Verfahrensführung in einem EUStA-Verfahren nur scheinbar einen Zielkonflikt dar. Beide Ansprüche an das Verfahren, die auch der Regelungsauftrag des Art. 86 III AEUV abbildet, lassen sich vereinbaren, *wenn* man die entsprechenden Schaltstellen und Stellschrauben eng aufeinander abstimmt und das eine Ziel nicht auf dem Rücken des anderen opfert.

---

103 Dazu *Ruggeri*, in Bachmaier Winter (Fn. 27), S. 201 (205 ff.); ferner: HBB/*Herrnfeld* (Fn. 34), Art. 26 Rn. 35; HBB/*Brodowski* (Fn. 34), Art. 41 Rn. 14.

104 Vgl. Art. 7 RL (EU) 2016/343 (Fn. 47).

105 Vgl. Art. 2 III RL 2013/48/EU (Fn. 46).

106 Vgl. etwa Art. 1 II RL 2010/64/EU (Fn. 44).

107 Vgl. *Mitsilegas/Giuffrida*, Raising the bar? Thoughts on the establishment of the European Public Prosecutor's Office, Policy Insights No. 2017/39, S. 12.

VI. *Plädoyer für die Gestaltung eines transnationalen Beschuldigtenschutzes und die Konturierung grenzüberschreitender Verteidigungsrechte*

Aus dem vorangegangenen Befund folgt ein Auslegungs- und Gestaltungsauftrag: Dem Anliegen einer effektiven Strafverfolgung muss im Verfahren der EUStA ein ebenso effektiver Schutz der Verteidigungs- und Beschuldigtenstandards entsprechen.

Dies bedeutet, dass die Bestimmungen der EUStA-VO im Lichte eines effektiven Beschuldigtenschutzes auszulegen sind – klärungsbedürftige Fragen sind konsequent dem EuGH vorzulegen. Wo sich effektive Standards nicht im Wege der Auslegung herausbilden lassen, bedarf die EUStA-VO einer Reform und Fortschreibung. Drei Einzelaspekte sollen hier kurz angesprochen werden:

1. *Garantie der Beschuldigtenrechte durch eine „doppelte" Prüfung der Rechtmäßigkeit der grenzüberschreitenden Maßnahme?*

Wenn im Rahmen eines durch die EUStA (DEStA) geführten Verfahrens in einem anderen Mitgliedstaat der Union (der die EUStA ebenfalls unterstützt) eine Maßnahme iSv Art. 30 EUStA-VO nach Art. 31 I, II EUStA-VO ergriffen werden soll, ordnet der mit den Ermittlungen betraute DEStA diese Maßnahme nach Maßgabe des für ihn geltenden nationalen Rechts an, so dass nur Maßnahmen in Betracht kommen, die nach den für seine Ermittlungen im eigenen Land einschlägigen nationalen Vorschriften *rechtmäßig* sind (Art. 31 II 2 EUStA-VO). Auf diese Weise soll eine Unterwanderung der inländischen Ermittlungs- und Beweisstandards einschließlich ihrer Grenzen über eine Ermittlungsmaßnahme im Ausland verhindert werden. Die Durchführung der angeordneten Maßnahme wird einem DEStA des unterstützenden Staates zugewiesen (Art. 31 I 2, II 1 EUStA-VO).

Klarzustellen wäre bei einer Reform der EUStA-VO, was bei grenzüberschreitenden Ermittlungen (Art. 31 EUStA-VO) „das geltende nationale Recht" iSv Art. 41 III EUStA-VO ist, aus dem sich der wesentliche Gehalt der zu gewährleistenden Verfahrensrechte ableiten lässt.[108]

Hierzu wird man bei der Vornahme von Ermittlungsmaßnahmen annehmen müssen, dass die im jeweiligen unterstützenden Staat befindli-

108 Kritisch im Hinblick auf die Unklarheit des Art. 31 EUStA-VO auch *Elholm*, MJECL (MJ) 2021, 212 (221 f.).

chen und allein dort von einer Maßnahme Betroffenen (Grundstückeigentümer, Wohnungsinhaber, Banken) sich neben den auf sie zugeschnittenen unionsrechtlichen Garantien (Art. 41 II EUStA-VO) nur auf die nationalen Verfahrensrechte „ihres" Staates berufen können.

Beim Beschuldigten dagegen sieht die Situation anders aus, weil seine rechtliche Position über die transnationale Verwertbarkeit gewonnener Erkenntnisse tangiert wird: Für ihn wird man im Sinne einer Meistbegünstigung fordern müssen, dass zusätzlich zu den im Staat der Verfahrensführung geltenden Standards auch die Verfahrensrechte im (unterstützenden) Staat der Beweiserhebung Berücksichtigung finden müssen, soweit sie seinem Schutz dienen.

Zur Prüfung kompetent und zur Gewährleistung dieser Verfahrensrechte aufgerufen ist der im jeweiligen Staat handelnde DEStA bzw. im Falle eines Richtervorbehaltes der entsprechend zuständige Richter.

Die hier aufgeworfene Frage nach dem „geltenden Recht" geht bei grenzüberschreitenden Ermittlungen aber noch über die Gewährleistung von Verfahrensrechten deutlich hinaus. Es geht im Kern um die Frage nach der Notwendigkeit einer „doppelten" Prüfung der *Rechtmäßigkeit* der Maßnahme. Dies zeigt Art. 32 EUStA-VO, demzufolge, die „Vollstreckung der zugewiesenen Maßnahmen" gemäß der EUStA-VO und „dem Recht des Mitgliedstaats des unterstützenden Delegierten Europäischen Staatsanwalts durchgeführt" wird. Aber wie weit geht dann dessen Prüfungs*kompetenz* einerseits und Prüfungs*pflicht* andererseits? Eine spannende Frage, gerade in einem System, das bei „grenzüberschreitenden Ermittlungen" nicht einmal auf die insoweit schon abgeschwächten Standards der gegenseitigen Anerkennung setzt.

2. *Prüfungsmaßstab bei Grundrechtseingriffen durch Ermittlungsmaßnahmen im unterstützenden Mitgliedstaat*

Welche Detailfragen im Sektor „Verfahrensrechte" und „Rechtschutz" gerade bei grenzüberschreitenden Ermittlungen noch ungeklärt sind, zeigt etwa der Beschluss des OLG Wien vom 25.4.2022,[109] mit dem das Gericht dem EuGH folgende Frage zur Vorabscheidung nach Art. 267 I lit. b) AEUV vorgelegt hat:

---

109 Vorabentscheidungsersuchen des Oberlandesgerichts Wien (Österreich) eingereicht am 25.4.2022 – G. K., B. O. D. GmbH, S. L., C-281/22, Az. 22 Bs B/22w u.a.

„1. Ist das Unionsrecht, insbesondere Artikel 31 Abs 3 Unterabs. 1 und Art. 32 der Verordnung (EU) 2017/1939 des Rates vom 12. Oktober 2017 zur Durchführung einer verstärkten Zusammenarbeit zur Errichtung einer Europäischen Staatsanwaltschaft (EUStA) so auszulegen, dass bei grenzüberschreitenden Ermittlungen im Falle notwendiger gerichtlicher Genehmigung einer im Mitgliedstaat des unterstützenden Delegierten Europäischen Staatsanwalts durchzuführenden Maßnahme eine Prüfung sämtlicher materieller Gesichtspunkte, wie gerichtliche Strafbarkeit, Tatverdacht, Notwendigkeit und Verhältnismäßigkeit, stattzufinden hat?
2. Ist bei der Prüfung zu berücksichtigen, ob die Zulässigkeit der Maßnahme bereits im Mitgliedstaat des betrauten Delegierten Europäischen Staatsanwalts von einem Gericht nach dem Recht dieses Mitgliedstaats geprüft wurde?
3. Für den Fall, dass die erste Frage verneint bzw. die zweite Frage bejaht wird: In welchem Umfang hat eine gerichtliche Prüfung im Mitgliedstaat des unterstützenden Delegierten Europäischen Staatsanwalts stattzufinden?“

Hierbei geht es nicht um bloße Verfahrensfragen oder nur um solche der Kompetenz, wie man vordergründig meinen könnte. Die vom OLG Wien genannten Prüfparameter „Tatverdacht, Notwendigkeit und Verhältnismäßigkeit“ – so sie denn im unterstützenden Staat zur Anwendung kommen müssten – lassen keinen Zweifel, dass es bei dieser Auslegungsfrage im Kern um den Schutz materieller Rechte und Freiheiten geht.

Der österreichische, im konkreten Verfahren seinen Kollegen in Deutschland unterstützende DEStA hat im Beschwerdeverfahren vor dem OLG Wien erwartungsgemäß für einen engen, verfolgungsfreundlichen Prüfungsmaßstab im unterstützenden Staat votiert und dabei vorgebracht,

„dass durch die EUStA-VO ein neuartiger Rechtsrahmen grenzüberschreitender Ermittlungsmaßnahmen geschaffen worden wäre, der sich zwar vom bisherigen Fall der Rechtshilfe zwischen zwei Behörden unterschiedlicher Mitgliedstaaten unterschied, der Sache nach aber um eine Weiterentwicklung des Grundsatzes der gegenseitigen Anerkennung in Strafsachen darstellte, weshalb in Anlehnung an die Richtlinie über die Europäische Ermittlungsanordnung sachliche Gründe für die Ermittlungsmaßen nur im Ausstellungsstaat überprüft werden könnten. Demnach sollten die Zulässigkeitsvoraussetzungen, die nach dem Recht des betrauten (= fallführenden) Delegierten Europäischen Staatsanwalts (Artikel 28 Abs 1 und 2 EUStA-VO) zu beurteilen wären, nur durch Gerichte des dortigen Staats geprüft werden. Dies gelte auch für eine Klärung der Zuständigkeitsausübung durch die Europäische Staatsanwaltschaft. Im Mitgliedstaat des unterstützenden Delegierten Europäischen Staatsanwalts sollte lediglich das dortige formelle Recht bei der Durchführung der Ermittlungsmaßnahmen geprüft werden, nicht jedoch materiellrechtliche Gesichtspunkte. [...] der entsprechende Tatverdacht [sei] in der Bundesrepublik Deutschland bereits durch den zuständigen Ermittlungsrichter [...] geprüft worden."[110]

Die (aus seiner Sicht negativen) Folgen einer vollumfänglichen „doppelten" Rechtmäßigkeitsprüfung hat das vorlegende OLG Wien dem EuGH gleich mitpräsentiert, vor einem „massiven Rückschritt" gegenüber dem Prüfmodell der EEA gewarnt[111] und darauf hingewiesen, dass dem vom unterstützenden DEStA angerufenen Gericht sämtliche notwendigen Unterlagen bzw. Akten aus dem Staat des betrauten DEStA als Basis für seine Prüfung zur Verfügung gestellt werden müssten, was insbesondere für den Fall der Betroffenheit mehrerer Mitgliedstaaten – abgesehen von der notwendigen Übersetzungsarbeit – die Überprüfung ein und desselben Ermittlungsverfahrens zwecks Bewilligung einer Maßnahme in verschiedenen Staaten mit unterschiedlichen Rechtsordnungen nach sich zöge.

An der von ihm selbst unverhohlen favorisierten *Beschränkung* der (gerichtlichen) Prüfung im unterstützenden Staat auf lediglich formale Gesichtspunkte (jedenfalls dann, wenn im Staat des betrauten DEStA bereits eine gerichtliche Prüfung stattgefunden hat),[112] sieht sich das OLG durch Art. 31 VI EUStA-VO gehindert, wonach die Instrumente der gegenseitigen Anerkennung – die wie die EEA einen lediglich eingeschränkten, formellen Prüfungsmaßstab vorsehen – im EUStA-Verfahren nur subsidiär gelten sollen.[113]

---

110 Vorabentscheidungsersuchen (Fn. 109).

111 Siehe hierzu auch die „Forderung" der EPPO-Guidelines (Fn. 93), Nr. 2: „The practical application of Article 31 cannot be more cumbersome, bureaucratic and more time-consuming than the application of the Union acts giving effect to the principle of mutual recognition [...]".

112 So auch EPPO-Guidelines (Fn. 93), Nr. 16, 17.

113 Vgl. ErwG 73 EUStA-VO: „Die in dieser Verordnung vorgesehene Möglichkeit, sich auf Rechtsinstrumente über gegenseitige Anerkennung oder grenzüberschreitende Zusammenarbeit zu berufen, sollte nicht die spezifischen Bestimmungen über grenzüberschreitende Ermittlungen gemäß dieser Verordnung ersetzen. Vielmehr sollte sie sie ergänzen, damit sichergestellt wird, dass eine Maßnahme, die in einem grenzüberschreitenden Fall erforderlich ist, im nationalen Recht für einen rein innerstaatlichen Fall aber nicht vorgesehen ist, im Einklang mit den nationalen Rechtsvorschriften zur Umsetzung des einschlägigen Rechts-

Welche Antwort des EuGH sich das OLG Wien erhofft, um nicht zu sagen erwartet, ist freilich durch die Art der Begründung der Vorlage mehr als deutlich geworden – aber immerhin: Dass das OLG diese Frage überhaupt vorlegt, ist – trotz seiner formalen Vorlagepflicht (Art. 267 III AEUV) – zu honorieren. Andere nationale Gerichte hätten dies vermutlich im Sinne einer effektiven Strafverfolgung „zweifelsfrei" durchentschieden.

Der Hinweis, dass die beschriebene Problematik sich insbesondere dann stelle, wenn im Staat des betrauten DEStA für die Maßnahme gar keine gerichtliche Genehmigung erforderlich ist, wirft die spezielle Thematik eines „doppelten" gerichtlichen Rechtsschutzes auf.

3. *Richtervorbehalte als Kernfrage des präventiven Rechtsschutzes*

Jedenfalls dann, wenn man sich im Sinne des Beschuldigtenschutzes für einen doppelten materiell-rechtlichen Prüfungsmaßstab (Strafbarkeit, Tatverdacht, Verhältnismäßigkeit), dh sowohl im Staat des betrauten DEStA als auch im Staat des unterstützenden DEStA, entscheidet, bedarf es zur Umsetzung eines entsprechenden Prüfmodells und -verfahrens. Aber die Frage eines „doppelten" (oder gar „mehrstaatlichen") gerichtlichen Rechtsschutzes (je nach Erstreckung der Ermittlungen auf unterschiedliche Staaten) ist auch dann relevant, wenn das Gericht im „unterstützenden" Staat in seiner Prüfung auf die „Formalia" beschränkt wäre. Darf es überhaupt oder muss es gar „prüfen" und entscheiden, wenn im Staat des betrauten DEStA schon eine gerichtliche Kontrolle der Maßnahme stattgefunden hat?

Für die Vollstreckung der beantragten Maßnahme gilt *grundsätzlich* das Recht des Staates, in dem die Durchführung erfolgt (vgl. Art. 32 S. 1 EUStA-VO). Besondere Bedeutung kommt dabei im grenzüberschreitenden Kontext vor allem Richtervorbehalten zu, die sowohl dem Schutz der Rechte der von der jeweiligen Maßnahme in ihren Rechten (ua Privatleben, Wohnung, Kommunikation) Betroffenen, in den meisten Fällen aber auch dem Schutz des Beschuldigten dienen.

Ist nach dem Recht des Mitgliedstaats des unterstützenden DEStA eine richterliche Genehmigung für die angeordnete Maßnahme erforderlich, so ist sie von dem unterstützenden DEStA nach dem Recht *seines* Mitglied-

instruments bei der Durchführung der Ermittlungen oder der Strafverfolgung angewandt werden kann."

staats einzuholen (Art. 31 III UAbs. 1 EUStA-VO). Ist eine solche richterliche Genehmigung im unterstützenden Staat nicht erforderlich, wohl aber nach dem Recht des Mitgliedstaats, in dem der betraute DEStA das Verfahren führt, so ist sie von diesem vor der Übermittlung einzuholen (Art. 31 III UAbs. 3 EUStA-VO).

Aus Art. 31 III EUStA-VO soll nun – im Sinne der Effizienz der Ermittlungen – der Schluss zu ziehen sein, dass für den Fall, dass nach dem Recht *beider* Mitgliedstaaten isoliert betrachtet jeweils eine richterliche Kontrolle und diese abschließende Beschlüsse erforderlich sind, nur *ein* solcher Beschluss erforderlich ist. Zwingend ist eine solche Interpretation aber keineswegs,[114] da Art. 31 III EUStA-VO diese Frage schlicht nicht regelt und insofern von einer Regelungslücke auszugehen ist. ErwG 72 S. 2 EUStA-VO[115] spricht das Thema zwar außerhalb des eigentlichen Regelungstextes der Verordnung an und diesen Hinweis wird der EuGH im Rahmen einer Vorabentscheidung auch als Erkenntnisquelle zur Auslegung der Kernvorschrift berücksichtigen[116] – das sagt aber noch nichts darüber aus, ob der EuGH die Frage auch im Sinne der durch die EUStA proklamierten „systematischen Interpretation“[117] entscheiden wird.

Sehen beide Staaten für eine bestimmte Maßnahme einen Richtervorbehalt vor, wird man die Konzentration auf *eine* gerichtliche Kontrolle nur dann befürworten und akzeptieren können, wenn das jeweilige Gericht *alle* für die beiden Vorbehalte relevanten Schutzaspekte überprüfen

---

114 Vgl. *Wirth* (Fn. 101), S. 325, der in bestimmten Konstellationen ebenfalls von einer „doppelten Genehmigungspflicht“ ausgeht.

115 „Ist eine richterliche Genehmigung für die Maßnahme erforderlich, so ist eindeutig festzulegen, in welchem Mitgliedstaat die Genehmigung eingeholt werden sollte; es sollte indes auf jeden Fall nur eine Genehmigung geben.“

116 Als Begründung (vgl. Art. 296 II AEUV) des eigentlichen (verfügenden) Rechtstextes EuGH, Urt. v. 19.9.2018, Milev-II, C-310/18 PPU, ECLI:EU:C:2018 732, Rn. 44; Urt. v. 15.10.2015, Gavril Covaci, C-216/14, ECLI:EU:C:2015:686, Rn. 36, 47, 48, NJW 2016, 303, 304.

117 Vgl. EPPO-Guidelines (Fn. 93), Nr. 8: „Where both the law of the Member State of the handling EDP and the law of the Member State of the assisting EDP require judicial authorisation, the systematic interpretation of the EPPO Regulation would lead to the conclusion that 'in any case there should be only one authorisation', as stated in recital 72. However, having only one judicial authorisation would create a serious legal gap because competent judicial authorities would not be in a position to assess the substantive reasons of the measure. Moreover, Article 31 (3) does not expressly address situations where both the law of the Member State of the handling EDP and the law of the Member State of the assisting EDP require judicial authorisation" und Nr. 18, zum gebotenen Rechtsschutz Nr. 9–11, 19, 20.

kann, mit anderen Worten, wenn keiner der beiden Kontrollvorbehalte inhaltlich umgangen wird. Das scheint aber nicht praktikabel, weil das Gericht dann auch ausländisches Recht und dessen Prüfkategorien anwenden müsste. Auch bliebe zu klären, welches der beiden Gerichte dann zuständig sein soll.

4. Katalog konkreter Mindestrechte mit einem Meistbegünstigungsprinzip bei grenzüberschreitenden Ermittlungen

Jenseits dieser diffizilen Auslegungsfragen ist die Festschreibung eines Katalogs konkreter Mindestrechte in der EUStA-VO mit einem Meistbegünstigungsprinzip zu fordern, mit der Folge, dass sich ein höheres nationales Rechtsschutzniveau durchsetzt.

Die unionsrechtliche und institutionelle Einrichtung einer „Europäischen Strafverteidigung" als jederzeit zugängliche „Unterstützungs-Unit" für die nationale Strafverteidigung ist jedenfalls in grenzüberschreitenden Ermittlungen aus Gründen der Verfahrensfairness anzustreben. Hierfür bedarf es der Überarbeitung und Ergänzung des derzeitigen Regelungskonzepts der EUStA-VO – wobei zunächst die kompetenzrechtlichen Fragen zu klären sind.

Einstieg könnte zunächst ein über die RL (EU) 2016/1919 hinausgehendes, an den dortigen Regelungen zur Vollstreckung eines Europäischen Haftbefehls (vgl. Art. 5 RL) anknüpfendes, europäisches PKH-/Pflichtverteidigersystem sein, das eine arbeitsteilige „Parallelverteidigung in mehreren Rechtsordnungen"[118] ermöglicht und aus dem dann später eine „Europäische Strafverteidigung" als institutionalisiertes, aber in Eigenverantwortung der Strafverteidigung geführtes Netzwerk hervorgehen könnte.[119] Eine inhaltliche Unterstützung liefern bereits jetzt erste in der Wissenschaft entstehende Leitfäden für die EUStA-Strafverteidigung.[120]

---

118 Vgl. MAH Strafverteidigung/*Brodowski* (Fn. 21), § 22 Rn. 6 f.; *Salditt*, StV 2003, 136.

119 Siehe hierzu *Vogel*, ZStW 116 (2004) 400 (415 f.) – Europäisches Netzwerk der Strafverteidigung. Eher das Modell „Eurodefensor" befürwortend *Wirth* (Fn. 101), S. 344.

120 Sicurella/Durdevic/Ligeti/Costa (Hrsg.), D3.1 Handbook – A practical guide on the EPPO for defence lawyers who deal with cases investigated and prosecuted by the EPPO in their day-to-day practice, Juli 2022, entstanden im Rahmen des Projekts „EULAW: EUropean LAWyers training on EPPO".

Konkret anbieten würden sich für eine Verankerung dieser Gedanken ein Art. 31a oder Art. 41a EUStA-VO zur Thematik „Grenzüberschreitende Verteidigung / Geltung der Verfahrensrechte bei grenzüberschreitenden Ermittlungen“.

VII. Fazit

Die mit grenzüberschreitenden Ermittlungen der EUStA verbundenen Schwierigkeiten und Herausforderungen für die Wahrung der Fairness des Verfahrens haben in der EUStA-VO bislang keine ausreichende Berücksichtigung gefunden. In einem von der Union angestrebten Raum der Freiheit, der Sicherheit und des Rechts muss gerade bei transnationalen Ermittlungen ein dem innerstaatlich geführten Strafverfahren *vergleichbares Niveau* der Verfahrensrechte sichergestellt sein, wobei aber Ungleiches gerade nicht (nur) *gleich* (Art. 41 III EUStA-VO) behandelt werden darf.[121] Die neuartigen, zusätzlichen Erschwernisse grenzüberschreitender Ermittlungen in EUStA-Verfahren bedürfen daher eines zusätzlichen Ausgleichs auf Seiten der Verteidigungsrechte: Wer „neue Wege“ bei den Ermittlungsbefugnissen geht, muss diese auch für eine effektive Verteidigung begehbar machen.

Der konzeptionelle Anspruch und Schwerpunkt der EUStA-VO liegen bislang ausschließlich bei der Ausstattung der EUStA mit effektiven Ermittlungsbefugnissen.[122] Die in einem EUStA-Verfahren zu beachtenden Beschuldigtenrechte und rechtsstaatlichen Grundsätze werden durch die Verordnung nicht auf die Spezifika dieser Verfahren „hochgezont“, dh inhaltlich angepasst.

Da die konkrete Ausgestaltung der Beschuldigtenrechte in einem von der EUStA geführten Verfahren im Detail von der jeweiligen nationalen Rechtsordnung des mit dem Verfahren betrauten DEStA abhängen (Art. 41 III EUStA-VO), drohen europaweit verfahrensrechtliche Ungleichbehandlungen von Beschuldigten bei vergleichbaren Tatvorwürfen.[123]

---

121 Dazu kritisch *Bachmaier Winter*, in: Bachmaier Winter (Fn. 27), S. 117 (134).

122 Kritisch zur EUStA-Geschäftsordnung: ECBA, Notes on the Internal Rules of Procedure of the European Public Prosecutor's Office (College Decision 003/2020), S. 2 („it shows that the internal rules are not aimed at providing any interaction with defence and victims' lawyers").

123 Siehe *Wirth* (Fn. 101), S. 354; *Esser*, in: Herrnfeld/Esser (Fn. 30), § 11 Rn. 292; Schomburg/Lagodny/*Gleß/Wahl* (Fn. 27), III D 5 (EUStA-VO), Rn. 37; *Bachmaier Winter*, in: Bachmaier Winter (Fn. 27), S. 117 (134); *Ruggeri*, in: Bachmaier

Schon die ersten von der EUStA geführten Verfahren belegen die Notwendigkeit einer Reform der EUStA-VO, mindestens aber der derzeitigen Verfahrenspraxis.

Die Umsetzungsdefizite bei den EU-Richtlinien zu den Beschuldigtenrechten (Art. 41 II EUStA-VO) sind auf der Basis der Evaluationsberichte der Kommission konsequent zu benennen. Die Befunde werden den rechtspolitischen Druck auf die Formulierung harter Verteidigungsstandards in der EUStA-VO erhöhen.

Die Voraussetzungen und Kriterien für den Status des *Beschuldigten* sollten in der EUStA-VO geregelt werden; ein höherer Standard im nationalen Recht bliebe beachtlich.

Alternative zum derzeitigen Gesamtkonzept der EUStA ist und bleibt die Herausbildung und Fixierung eines europaweit für EUStA-Verfahren geltenden EU-Strafprozessrechts, als Weiterführung der schon jetzt allgemein in Art. 41 II EUStA-VO genannten Verfahrensrechte im Unionsrecht. Der Schritt zu einem zentralen EU-Strafgericht,[124] bei dem die EUStA dann Anklage zu erheben hätte, wäre gedanklich nicht mehr weit – politisch indes schon.

Winter (Fn. 27), S. 201 (203); *Magnus*, HRRS 2018, 143 (150); *Rackow*, KriPoZ 2017, 295 (300); *Langbauer*, Das Strafrecht vor den Uniongerichten, 2015, 428; *Esser*, StV 2014, 494 (503).

124 *Langbauer* (Fn. 123).

FSC
www.fsc.org
MIX
Papier | Fördert gute Waldnutzung
FSC® C083411

Kolibri 360 GmbH
Ferdinand-Jühlke-Straße 7
99095 Erfurt, Deutschland
produktsicherheit@kolibri360.de